Oswald Chambers

In finsteren Zeiten

Hiob und das Problem des Leidens

Verlag der Francke-Buchhandlung GmbH

ISBN 3-86122-012-1

2. Auflage 1994

Alle Rechte vorbehalten
Originaltitel: Baffled to fight better
© by Oswald Chambers Publications Association Limited,
South Croydon, Surrey, England
© der deutschsprachigen Ausgabe
1992 by Verlag der Francke-Buchhandlung GmbH
35037 Marburg an der Lahn
Deutsch von Marie-Luise Rusche
Umschlaggestaltung: Uno-Design, Hamburg
Satz: Druckerei Schröder, 35083 Wetter/Hessen
Druck: Schönbach-Druck GmbH, 64390 Erzhausen

Das erweckliche Wort — Klassiker

Inhalt

Vorwort des Herausgebers 5
Die unsichtbare Welt 6
Entsetzt und erstaunt 11
Das Leiden am Pessimismus 16
Das Licht, das irrte – die falsche Erkenntnis 21
Am Abgrund 26
Mit Fragen erschlagen 31
Agnostizismus 38
Wortschwall 44
Auf der Spur 48
Aufgeblasenheit 54
An der Grenze der Verzweiflung 59
Die Wunde, die am meisten schmerzt 66
Der heftigste Zusammenstoß 72
Parabeln 79
Leidenschaft für die Autorität 86
Leidenschaft für die wirklichen Tatsachen 94
Von Schlössern und Schlüssellöchern 99
Maskierte Wirklichkeit 105

*– Obwohl er mich schlägt,
will ich ihm vertrauen. –*

Vorwort des Herausgebers

Der Autor des bekannten Andachtsbuches *„Mein Äußerstes für sein Höchstes"* betrachtet das Buch Hiob und entdeckt den Kern der Streitfrage, die viele Gemüter bewegt: „Warum muß der Gerechte leiden?" Das Problem des Leidens ist uralt und noch heute hochaktuell. Alle technischen Errungenschaften haben das Leid nicht aus unserer gefallenen Welt verbannen können.

Oswald Chambers zeigt uns Gott nicht nur als die letzte, sondern auch als unsere einzige Zuflucht. Mit dem ihm eigenen Tiefblick spricht er über die Gründe unserer Selbstzufriedenheit und unseres Zweckoptimismuses. Er deckt Unzulänglichkeiten auf, wenn sie mit der Vergänglichkeit der menschlichen Werte konfrontiert werden. Erst vor dem Trümmerhaufen unseres Lebens gestehen wir bescheiden ein, daß uns am Ende nur noch Gott bleibt.

Der Autor legt das Buch Hiob nicht systematisch aus, zergliedert nicht seine Theologie und baut auch kein Lehrsystem auf. Vielmehr analysiert er die chronologische Entwicklung der Herausforderung Satans in den ersten Kapiteln des Buches bis zum Höhepunkt: die Wiederherstellung Hiobs. Oswald Chambers erkennt, daß in der Tiefe und Echtheit der Verzweiflung Hiobs noch Hoffnung ist, denn „Hiob erkannte Gott zum erstenmal in seinem Leben als die einzige Zuflucht. Wir lernen nichts über Erlösung oder Vergebung, wenn wir uns nicht danach sehnen." Hiob stellt in den extremen Verhältnissen seines Lebens fest, daß Gott allein genügt.

Der Herausgeber hofft, daß diese Neuauflage jedem Leser, der Schmerz und Leid aus eigener Erfahrung kennt, neue Hoffnung und Zuversicht gibt sowie den Mut, trotz aller scheinbaren Sinnlosigkeit und Ungerechtigkeit eines hartbedrängten Lebens, besser zu kämpfen.

Die unsichtbare Welt

Hiob 1,1-12

Der Mensch ist nicht Gott. Er hat vielmehr Gottes Zielen zu dienen, einem Meister zu gehorchen, einen schmalen Weg zu gehen.

Der Mensch muß lernen, etwas aufzugeben oder etwas zu empfangen. Ist er dazu bereit, dann wird aus Altem Neues, aus Träumerei Realität, aus Falschem Richtiges. Und was dem Menschen anfangs gut erschien, erweist sich schließlich als das Allerbeste.

Robert Browning

Bericht vom Natürlichen (Hiob 1,1-5)

Der bedeutende Mann im Nahen Osten
— Seine Frömmigkeit (V. 1)
— Seine Vornehmheit (V. 2-4)
— Seine Freundlichkeit (V. 5)

Bericht vom Übernatürlichen (Hiob 1,6-12)

Szene aus der unsichtbaren Welt
— Gottessöhne (V. 6)
— Satan und Gott (V. 7-8)
— Satans Spott vor Gott (V. 9-12)

Im Buch Hiob finden viele von Leid betroffene Menschen Trost und Stärkung, obwohl darin nicht eigentlich der Versuch unternommen wird, den Sinn des Leidens zu erklären. Vielmehr wird es als etwas dargestellt, dessen Erklärung in den letzten Dingen zu suchen ist. Das Problem der Leiden Hiobs besteht darin, daß sie anscheinend sinnlos sind.

Wenn man behauptet, Hiob wäre erst durch sein Leiden vollkommen geworden, weicht man den Tatsachen aus. Hiob war in moralischer und religiöser Hinsicht vorbildlich, ehe das Leid in sein Leben kam. „Hast du achtgehabt auf meinen Knecht Hiob? Denn es ist seinesgleichen nicht auf der Erde, fromm und rechtschaffen, gottesfürchtig und meidet das Böse" (V. 8). Hiob litt sozusagen „mit Gottes Einwilligung" und erfuhr nie etwas vom Vorspiel seiner Leidensgeschichte.

Die Verse 6-12 berichten aus der übernatürlichen Welt, aus einer Sphäre, die der sterbliche Mensch nicht sehen kann. Wir können mit der Existenz dieser Welt nur konfrontiert werden, wenn sie von sich aus „unsere Kreise stört". Diese ersten Verse des Buches Hiob berichten also von einem wichtigen Vorfall innerhalb dieser unsichtbaren Welt. Und allein dort liegen die Ursachen von Hiobs Leiden. Darum sollte die Katastrophe, die über diesen großartigen Mann hereingebrochen ist, nicht ihm selbst zur Last gelegt werden.

Wer die Bibel aufmerksam liest, sollte beachten, daß es einen Unterschied gibt zwischen der Bedeutung der beiden Namen „Satan" und „Teufel". So heißt der Böse im Hebräischen „Satan, der Widersacher" und im Griechischen der „Teufel, der Verkläger". In Offenbarung 12,9 und 20,2 sind beide Bezeichnungen unverwechselbar zusammengefügt. „Und der große Drache, die alte Schlange, wurde hinuntergeworfen. Er heißt auch Teufel und Satan, der alle Welt verführt...und er ergriff den Drachen, die alte Schlange, das ist der Teufel und der Satan, und fesselte ihn für tausend Jahre."

In der Bibel begegnet uns Satan am Anfang in Verbindung mit dem Menschen in seinem ursprünglichen, ungefallenen Zustand. Vermessen ließ sich der Mensch in eine Kommunikation mit dem Bösen ein, was zu dem Sündenfall führte. Die Verantwortung lag beim Menschen, als er dem Druck der Sünde nachgab und Gott ungehorsam wurde. Damit erntete er für sich und seine Nachkommen diabolische Früchte (vergl. 1. Mose 3,1-5; Römer 5,12). Als Jesus Christus dem Satan von Angesicht zu Angesicht begegnete, behandelte der ihn wie jemanden, der sein Leben lebt, ohne Gott irgendwelche Beachtung zu schenken. Bei Jesu Versuchung in der Wüste wird der Charakter des Teufels unverhüllt dargestellt. „Jesus sagte zu ihm: Weg mit dir, Satan! Denn es steht geschrieben: ‚Du sollst den Herrn, deinen Gott, anbeten und ihm alleine dienen.' Da verließ ihn der Teufel..." (Matthäus 4,10-11). Bei einer anderen Gelegenheit deckte Jesus das Selbstmitleid als satanisch auf. „Er aber wandte sich um und sagte zu Petrus: Geh weg von mir, Satan!

Du bringst mich in Versuchung; denn du meinst nicht, was göttlich, sondern was menschlich ist" (Matthäus 16,23). Das geschah, nachdem Petrus seinen Herrn zurechtweisen wollte, als dieser anfing, die Jünger auf sein bevorstehendes Leiden und seinen Tod hinzuweisen. „Habe Mitleid mit dir selbst, Herr! Das widerfahre dir nur nicht!"

Der Teufel ist der satanische Widersacher innerhalb der menschlichen Ordnung. Wenn eine Sache satanisch ist, muß sie nicht unbedingt abscheulich oder unmoralisch sein. Unser Herr sagte: „Was hoch ist bei den Menschen, das ist ein Greuel vor Gott" (Lukas 16,15). Satan regiert die Welt mit seinen diabolischen Gedanken, und die Menschen dulden es. Wenn ein Starker gewappnet seinen Hof bewacht, so bleibt sein Besitz in Frieden" (Lukas 11,21). Da fällt niemand plötzlich in grobe Sünde oder gerät auf Abwege. Eine der heimtückischsten Karrikaturen stellt Satan dar als Anstifter zu Sünden, die jedem sofort ins Auge fallen. Aber der vom Satan gelenkte Mensch ist oft moralisch einwandfrei, ehrlich, eine stolze Persönlichkeit. Er ist absolut sein eigener Herr. Er braucht Gott nicht.

Satan äfft den Heiligen Geist nach. Der Heilige Geist repräsentiert das Wirken Gottes im Leben eines Menschen, wenn dieser durch die Erlösung mit Gott versöhnt ist. Mit anderen Worten: Der Heilige Geist ist das Erbe oder Unterpfand der Erlösung, das ihm bei der geistlichen Erneuerung geschenkt wird. Wenn ein Mensch so von oben neu geboren wird, erhält er die Gesinnung Jesu: Heiligen Geist. Und wenn er dieser Gesinnung gehorsam ist, wächst er hinein in das neue Menschenbild, das in Christus Jesus ist. Wird ein Mensch durch hartnäckige Weigerung nicht wiedergeboren, ist er selbst dafür verantwortlich, wenn er mehr und mehr satanische Züge annimmt und unweigerlich auf das Ende zusteuert, an dem alles Satanische vollständig und auf ewig verdammt wird (Offenbarung 20,11-15).

„Der Satan antwortete dem Herrn und sprach: Meinst du, daß Hiob Gott umsonst fürchtet?" Die Verse 9-12 könnte man frei folgendermaßen wiedergeben: Satan wird als derjenige dargestellt, der zu Gott sagt: „Du bildest dir ein, der Mensch liebt dich um deiner selbst willen. Das tut er jedoch nie und nimmer. Dieser Hiob zum Beispiel liebt dich nur, weil du ihn gesegnet und reich gemacht hast. Doch rühre etwas von diesem Segen an, so wird er dich bestimmt verfluchen."

Wir sollten uns hier an Hiobs Glaubensüberzeugung erinnern. Hiob glaubte nämlich, Gott segne den rechtschaffenen Menschen, der sich auf Gott verläßt, mit irdischem Reichtum. War ein Mensch nicht rechtschaffen, so wurde er auch nicht reich. Dann aber kam ein Unglück nach dem anderen, und alles widersprach plötzlich dem Bild, das Hiob sich von Gott gemacht hatte. Seine Glaubensüberzeugung wurde vom Winde verweht. Satans Spott in dieser Geschichte ist das Gegenstück zu seiner diabolischen Anklage in 1. Mose 3. Dort spottete er satanisch über Gott vor dem Menschen. Hier geht es um die diabolische Verspottung des Menschen vor Gott. Satan ist der „Verkläger der Brüder".

Heute gibt es in unserer Mitte eine ganze Reihe skeptische junge Männer. Sie haben bis zum Ausbruch des Krieges keinerlei ernsthafte Belastung kennengelernt. Als dann das furchtbare Durcheinander losging, warfen sie ihren Glauben über Bord und verfielen dem Zweifel. Menschen, die in diesem Leben von vornherein mit Problemen und Schwierigkeiten rechnen, sind nicht so leicht umzuwerfen. Viele von uns reagieren Gott gegenüber empfindlich und wenden sich ab, wenn er nicht unseren Glaubensvorstellungen und Erwartungen entspricht (Johannes 6,60.66). Einige Männer haben in diesem Krieg ihren Glauben an Gott verloren und gedacht, sie hätten Gott ebenfalls verloren. Doch Gott ist im Zentrum der Konflikte, die den Menschen zu einer tieferen Gotteserkenntnis führen sollen. Tiefer, als jede bloße Glaubensaussage es je könnte!

Es gibt Führungen Gottes, die man im ersten Augenblick nicht erklären kann. Es gibt unbegreifliche Führungen, die an die Grenze des Erträglichen gehen und ans Licht bringen, daß die Basis des menschlichen Lebens tragisch ist, nicht rational verständlich. Dieses Problem begegnet uns im Buch Hiob. Die Äußerung Hiobs in Kapitel 13, Vers 15 zeigt uns einen Menschen, der das rationale Festhalten an Gott aufgegeben hat, nicht aber das irrationale. Es zeugt von blindem Vertrauen, wenn Hiob sagt: „Obwohl er mich schlägt, will ich ihm vertrauen." Hiobs alte Glaubensvorstellungen sind zerbrochen. Alles, was er über Gott gedacht hatte, erwies sich in seinen harten Lebenserfahrungen als falsch. Und seine Freunde sagten, wenn sie ihn besuchten, tatsächlich zu ihm: „Hiob, du bist ein Heuchler. Das erkennen wir an deinen eigenen Worten." Aber Hiob blieb fest: „Ich bin kein Heuchler. Ich weiß zwar nicht, warum dies alles geschehen ist. Ich will mich aber daran klammern, daß

Gott gerecht ist und ich sein Tun noch einmal verstehen und rechtfertigen werde."

Gott machte Hiob nicht ein einziges Mal seinen Weg klar. Hiob kämpfte mit einem Problem nach dem anderen. Ein Schicksalsschlag folgte dem nächsten, und am Ende bekennt er: „...nun hat mein Auge dich gesehen" (42,5). Er erkannte, daß alles, was er im blinden Vertrauen geglaubt hatte, Wahrheit war. Gott war genauso, wie sein Glaubensauge ihn vorher gesehen hatte: gerecht und anbetungswürdig. Die Erklärung dieser Geschichte liegt darin, daß Gott und Satan aus Hiobs Seele ein Schlachtfeld machten, ohne diesen vorher um Erlaubnis zu bitten. Ohne jede Vorwarnung verwandelt sich Hiobs Leben in einen Trümmerhaufen. Gott bleibt außer Sichtweite und schickt Hiob keinerlei Zeichen, daß er überhaupt existiert. Die Sache Gottes steht schlecht. Es sieht so aus, als hätte Satan mit seinen spöttischen Worten recht gehabt. Aber Gott gewinnt am Ende doch. Hiobs blindes Gottvertrauen siegt, und Satan ist vollkommen überwältigt.

Und wie wird es bei mir sein? Werde ich mich auf die von Jesus Christus gegebenen Gottesoffenbarungen verlassen, auch wenn meine persönlichen Erfahrungen anscheinend dagegen sprechen?

Entsetzt und erstaunt

Hiob 1,13; 2,13

*Jesus, dessen Los mit dem unseren verquickt, der von Anfang bis
  End' es gekannt ...
Könnt ich gewinnen und halten und fühlen dies liebende Herz,
  diesen stählernen Geist!*

*Wär' ich noch dieser alte Adamsmensch, ich hätte solch Gebet
  mit Stolz verschmäht!
Ich wäre nie an seine Brust geflohn, mich dort zu bergen bis der
  Sturm vorbei ...*

Wilfried Brinton

Im Strudel der Katastrophe
Der Anfang der Zerstörung (1,13-19)

Gott gab Satan die Autorität, alles anzutasten, was Hiob gehörte. „Siehe, alles, was er hat, sei in deiner Hand" (V. 12). Alles, was der Mensch besitzt, ist zeitweilig nicht in der Hand Gottes, sondern in der Hand des Widersachers; denn Gott hat diese Autorität Satan niemals entzogen. Die Unglücksfälle, die eines Menschen Besitz heimsuchen, sind in ihrem Ursprung satanisch und gar nicht so rein zufällig, wie sie erscheinen. Als Jesus Christus über Jüngernachfolge gesprochen hat, wies er darauf hin, daß ein Jünger sich von Reichtum und Besitz trennen sollte. Hängt nämlich sein Herz an dem, was er besitzt, so kann er auch sein Herz verlieren, wenn er bei einer Katastrophe den Besitz verliert (vergl. Lukas 12,15).

Satan war erlaubt worden, Hiobs Besitz anzugreifen. Nun hatte er rechte Vollmacht, Hiobs Habe direkt ins Auge zu fassen. Und er tat es. Wenn dann ein Mensch von solch einer unverdienten Katastrophe heimgesucht wird, reagiert er meist sofort mit einem Vorwurf gegen Gott. „Warum hat Gott das alles zugelassen?" fragt er.

Es gibt im Gefolge der Kriege unserer Zeit viele Menschen, die ein Ausmaß an Zerstörung erlebt haben, das uns die Sprache verschlägt und unsere Gebete lähmt. Einzig und allein der Trost Christi bringt dann die Herzen zur Ruhe. Es hat etwas Gutes, angesichts von Katastrophen unsere Machtlosigkeit zu erkennen, weil wir gleichzeitig begreifen, wie sehr wir von Gott abhängig sind. In Kriegszeiten kann man oft erstaunt feststellen, wie Mütter und Frauen von Soldaten nicht verhärten, sondern mit einer ganz besonderen Hoffnung durch die Krise gehen. Eines hat der Krieg dann nämlich bewirkt. Er hat den seichten Optimismus aus den Köpfen der Leute verbannt, der mit Sprüchen wie „Mach es wie die Sonnenuhr, zählt die heit'ren Stunden nur" und: „Jede Wolke hat noch einen Silberstreif" vertrösten will; denn es gibt Wolken, die völlig schwarz sind.

Die Qual der Verzweiflung (1,20-21)

„Ich bin nackt von meiner Mutter Leibe gekommen, nackt werde ich wieder dahinfahren. Der Herr hat's gegeben, der Herr hat's genommen; der Name des Herrn sei gelobt" (Vers 21).

Wenn wir in Krisenzeiten den Dingen klar ins Auge sehen, sind wir oft der Verzweiflung nahe – nicht dem Wahnsinn, aber echter, tiefer Verzweiflung. Aber Gott spricht den Verzweifelten niemals schuldig. Ein Mensch, der heutzutage über den Zustand dieser Welt nachdenkt, muß einfach zum Pessimisten werden. Gründliches Nachdenken allein kann niemals zu Optimismus führen. Der weiseste Mann, der je lebte, war der Meinung: „Denn wo viel Weisheit ist, da ist viel Grämen" (Prediger 1,18). Die Hintergründe der Dinge dieser Welt sind unverständlich und tragisch. Darum kann man leicht in die Qual der Verzweiflung geraten, wenn man die Dinge sieht, wie sie wirklich sind. Der norwegische Dichter Ibsen stellt in seinen Dramen diese Verzweiflung dar. Es ist kein Hohn in seinen Werken, weil er weiß, daß die Natur keine Vergebung kennt, und daß jeder Sünde Vergeltung folgt. Seine Weltanschauung gipfelt in einer stummen Verzweiflung, denn er hat die Offenbarung Gottes in Jesus Christus nicht begriffen.

„Selig sind, die da Leid tragen." Unser Herr ging immer von dieser Basis aus, nicht von der Basis eines Evangeliums gefühlvoller Schwärmerei. Wenn ein Mensch in Verzweiflung gerät, spürt er, daß nur Nachdenken ihn nicht befreien kann. Das vermag allein das direkte Eingreifen Gottes. Erst im Zustand der Verzweiflung ist er in der rechten Verfassung, von Gott etwas anzunehmen, was er sich niemals selbst hätte verschaffen können.

Schweigen ist angesagt (1,22)

„In diesem allem sündigte Hiob nicht und tat nichts Törichtes wider Gott" (Vers 22).

Der Apostel Jakobus spricht von der „Geduld Hiobs", aber „Geduld" ist sicher die letzte Eigenschaft, die wir Hiob zuordnen würden. Schließlich traf er seine Freunde mit seiner schrecklichen Kritik bis „auf die Knochen". Und doch war Hiob niemals im tiefsten Sinne ungeduldig mit Gott. Er konnte zwar Gott nicht verstehen, aber er redete „nichts Törichtes wider Gott". Er hielt fest an der Gewißheit, daß Gott gerechtfertigt werden würde und er in ihm. Unser Herr sagte einmal, daß er „sanftmütig und von Herzen demütig" sei, und doch war keine Sanftmut am Werk, als er die Käufer und Verkäufer aus dem Tempel vertrieb und die Tische der Geldwechsler umstieß. Unser Herr war sanftmütig hinsichtlich der Führungen und des Willens seines Vaters. Er ging aber nicht unbedingt sanft mit Menschen um, die seines Vaters Ehre mißachteten.

Das Böse an der Vereinsamung

Von Satan gesichtet (2,1-6)

In Kapitel 2 wird der Schleier gelüftet und die Tragödie offensichtlich. Zwar hat Hiob seinen ganzen Besitz verloren, aber er verhält sich weiterhin untadelig. Nun wird der Widersacher zudringlicher, spöttischer. Zuerst hatte er vor Gott gehöhnt: „Der Mensch liebt dich nur, weil du ihn so reich gesegnet hast." Jetzt hat Satan es auf Hiobs Innenleben abgesehen, seine innere Stärke und seine Gesundheit. Und er erreicht sein Ziel. „Siehe da, er sei in deiner Hand, doch schone sein Leben". Mit seinem letzten Pfahl stößt Satan in des Menschen Fleisch.

Es gibt Zeiten, da geraten die intimsten Werte eines Menschen unter die Herrschaft Satans. Der Apostel Paulus nennt Satan „einen Engel des Lichts." Er nähert sich einem Menschen, dessen innere Werte am Wanken sind und flüstert ihm zu: „Du hast das Empfinden für Gottes Gegenwart verloren, also bist du ein Abtrünniger." Das ist eine ganz bösartige Eingebung, denn im Grunde geht es dabei um Vereinsamung. Das Alleingelassenwerden ist aber niemals gut. Es geschehen dann böse Dinge, weil die ganze Situation tatsächlich böse ist. Eine Gefahr des Fatalismus besteht darin, anzunehmen, Unglücksfälle seien von Gott zudiktiert, sie gehörten sozusagen zu seinem Plan. Doch das stimmt nicht. Er läßt sie lediglich zu. Es besteht ein wesentlicher moralischer Unterschied zwischen dem ausdrücklichen Willen Gottes und dem, was er zuläßt. Gottes Wille heißt: keine Sünde, kein Satan, keine Krankheit, keine Behinderung. Der menschliche Verstand erkennt das und reagiert: „Also will ich mit Sünde, Erlösung und Jesus Christus nichts zu tun haben und mein Leben nach rationalen Maßstäben ausrichten."

Dann gibt es das, was Gott zuläßt: Sünde, das Wirken Satans, Probleme, Falsches und Böses. Und wenn Vereinsamung und Unglück einen Menschen treffen, bekommt er den Stachel des Bösen zu spüren. Und wenn er sich nicht um die Hintergründe dieser Zustände kümmert, ist er ein Narr. Wir müssen durch das, was Gott zuläßt, hindurchschauen und nach Gottes leitender Hand greifen. Ein Christ sollte sich nicht an Christi Brust verstecken, weil er vom eigenen Nachdenken Kopfschmerzen bekommt. Es ist moralisch und geistlich betrachtet Feigheit, diese Dinge zu erkennen und trotzdem zusammenzubrechen. Ein Christ hat meist für sich persönlich keine Angst. Er fürchtet nur, daß sein Herr es nicht schafft, und daß Gott nicht in der Lage ist, seinen Charakter zu korrigieren. Es ist Gottes Wille „viele Söhne zur Herrlichkeit zu führen". Das Buch Hiob beweist, daß trotz hereinbrechenden Unheils und all dessen, was Satan anrichten kann, ein Mensch jederzeit bis zu Gott durchdringen kann.

Die eigentliche Geißel des Leidens (2,7-10)

Die äußerste „Schale" des Menschen ist sein Fleisch. Hiobs Fleisch wurde vom Widersacher „mit bösen Geschwüren von der Fußsohle bis zum Scheitel" geschlagen. Da riet ihm seine Frau: „Sage Gott ab und stirb!" Doch er antwortete ihr: „Du redest, wie die törichten Weiber reden. Haben wir Gutes empfangen von Gott und sollten das Böse nicht auch annehmen?" In keinem Fall versündigte sich Hiob mit seinen Lippen. Und genau an dieser Stelle haben wir es normalerweise mit der Geißel des Leidens zu tun. Wenn ich leide und weiß, daß ich es selbst verschuldet habe, kann ich es mir erklären. Leide ich aber und weiß, daß es nicht meine Schuld ist, trifft mich das schon härter. Wenn ich jedoch leide und feststellen muß, daß meine engsten Angehörigen denken, es sei bestimmt meine Schuld, dann ist die Grenze des Leidens erreicht. Und genau dahin zielte die Geißel von Hiobs Leiden. Mit voller

Wucht brach nun der Hohn Satans in Hiobs engsten Verwandtenkreis ein.

Allein mit dem Kummer (2,11-13)

„Als aber die drei Freunde Hiobs all das Unglück hörten, das über ihn gekommen war, kamen sie, ein jeder aus seinem Ort ... Und als sie ihre Augen aufhoben von ferne, erkannten sie ihn nicht und erhoben ihre Stimmen und weinten ... und saßen mit ihm auf der Erde sieben Tage und sieben Nächte und redeten nichts mit ihm; denn sie sahen, daß der Schmerz sehr groß war." (Vers 11-13)

Hiobs Freunde waren ganz entsetzt über die Katastrophe, die über Hiob hereingebrochen war; denn sie hatten dieselbe Glaubensüberzeugung wie Hiob: Gottes Segen äußerte sich in Reichtum und Wohlergehen. Und was jetzt? Wenn Hiob tatsächlich ein guter Mensch war, wovon sie überzeugt waren, was hieß das dann für ihre Glaubensüberzeugung? Sie waren wie vor den Kopf gestoßen und ließen ihn allein mit seinem unbegreiflichen Schicksal. Seine Freunde kamen dann langsam zu dem Schluß, daß ihre Überzeugung richtig war und Hiob im Unrecht sein mußte. Sie standen unter dem Bann der Endgültigkeit ihrer Glaubensüberzeugung, was immer der Fall ist, wenn man die Theologie vor den lebendigen Gott setzt. Die Freunde litten ebenso wie Hiob. Der Schmerz über die Erkenntnis, aus einem bestimmten „theologischen Anzug" herausgewachsen zu sein, ist ziemlich groß. Hiobs Einstellung dazu: „Ich kann nicht begreifen, warum Gott das alles zugelassen hat. Es tut verzweifelt weh. Doch ich glaube, daß er vollkommen ist und anbetungswürdig. Ich glaube fest: Am Ende wird sich herausstellen, daß er ein Gott der Liebe und der Gerechtigkeit und Wahrheit ist."

Nichts wird *gelehrt* im Buch Hiob, aber es ist ein tiefes, ausgeprägtes Gefühl bei Hiob vorhanden, daß da der Eine ist, der trotz allem versteht. Dieser Mann wurde geschlagen und all dessen beraubt, was ihm lieb und teuer war. Doch in allen Stürmen des Lebens verhielt er sich unsträflich, das heißt, er stand über allem Tadel.

Das Leiden am Pessimismus

Hiob 3

Die Welt sitzt Christus zu Füßen,
unwissend, blind und schwach.
Doch sie wird sein Kleid berühren,
wird sehen, wie in pures Gold
verwandelt der Staub dieser Erde
durch des himmlischen Wundermanns Kraft.

Whittier

Optimismus ist entweder empfangene Offenbarung oder Temperamentsache. Ungehinderter und bleibender Optimismus ist eigentlich nicht möglich. Sobald ein Mensch den Realitäten, wie sie wirklich sind, ins Auge blickt, bleibt ihm nur noch Pessimismus. Gäbe es keine Tragödien im menschlichen Leben, keinen Graben zwischen dem Menschen und Gott, dann wäre die Errettung durch Jesus Christus „viel Lärm um nichts." Hiob sieht die Dinge genau wie sie sind. Der natürliche Mensch baut sein Leben auf soliden Bedingungen auf – so meint er. Doch wehe, wenn er schwere Verluste erleidet, wenn er hinter die schillernde Fassade schaut! Dann entdeckt er, wie Hiob, die pure Verzweiflung als Grundstimmung menschlichen Lebens. Jedenfalls solange, bis er eine Offenbarung Gottes empfangen hat und eintreten darf in das Königreich Jesu Christi.

„Danach tat Hiob seinen Mund auf und verfluchte seinen Tag... ‚Ausgelöscht sei der Tag, an dem ich geboren bin'." (Vers 3)

Hiob mußte Trauriges erleben. Da scheint es nur verständlich, daß er den Tag seiner Geburt verflucht. Bei manchen Leuten scheint das Leiden mehr Einbildung zu sein. Hiobs Leid ist traurige Wirklichkeit. Sein Schrei kommt aus tiefster Seele. „Wollte Gott, ich wäre nie geboren!" Das Gefühl, etwas nie wieder gutmachen zu können, schmerzt im Leben am meisten. Adam und Eva ist es so ergangen, als sich die Pforte des Paradieses hinter ihnen schloß. Kain rief: „Meine Strafe ist zu schwer, als daß ich sie tragen könnte!" Esau „fand keine Gelegenheit mehr zur Umkehr, obwohl er sie unter Tränen suchte." Es gibt Dinge im Leben, die nicht wieder gutzumachen sind. Kein Weg führt zurück in die Vergangenheit.

Und genau dieses Gefühl führte Hiob vor das Angesicht Gottes. Wenn der Mensch an diesem Punkt angekommen ist, erkennt er langsam den Sinn der Erlösung. Das Wesen der Dinge ist mit dem Verstand allein kaum zu erklären. Das spürte Hiob sehr wohl. Die Gundlage des Seins ist zunächst tragisch, die Bibel aber zeigt uns, daß der einzige Ausweg in der Erlösung besteht. In Hiobs Fall handelt es sich nicht um eine Übersättigung an den Vergnügungen des Lebens. Alles traf ihn plötzlich, ohne jede Vorwarnung, ohne große Erklärung. Seine Tage des Wohlstands und der überzeugten Rechtschaffenheit gingen abrupt zu Ende und – als Schlimmstes von allem – wurde sein Glaube an einen gerechten Gott angefochten.

Leiden entsteht erst, wenn sich der Glaube eines Menschen von seiner persönlichen Beziehung zu Gott trennt. Das Glaubensbekenntnis steht nämlich erst an zweiter Stelle. Es ist niemals die Hauptsache. Man sollte einmal auf die Dinge im Leben achten, die mit unseren Aussagen nicht deckungsgleich sind. Hiob steht vor Problemen, die er nicht meistern kann. Er sieht keinen Ausweg.

Der unverantwortliche Fehler (3,8-13)

Wenn man ein Buch eines Philosophen über das Leiden liest und dann hinausgeht, um das Leben tatsächlich kennenzulernen, findet man bald heraus, daß das alles nicht so einfach ist, wie es in Büchern beschrieben wird. Die Sicht eines Philosophen ist eher wie ein Scheinwerfer; er beleuchtet die Dinge nur und verkompliziert sie damit. Doch nichts ist einfacher unter dem Himmel als die Beziehung des Menschen zu Gott auf der Grundlage der Erlösung. Darum sagte der Apostel Paulus: „Ich fürchte aber, daß ... auch eure Gedanken abgewendet werden von der Einfalt und Lauterkeit gegenüber Christus" (2.Kor. 11,3).

Der Verstand leitet uns zwar durch die Gegebenheiten des Lebens, aber er kann sie nicht erklären. An Sünden, Leiden und an dem Buch Gottes können wir Menschen erkennen, daß an der Basis dieses Lebens etwas verkehrt ist. Etwas, das unser Verstand nicht bewältigen kann. Unser Herr blickte den Dingen immer und vor allem auf den Grund, das heißt, er beschäftigte sich mit dem eigentlichen Problem. Wenn wir uns nur um Oberflächliches kümmern, können wir die Notwendigkeit der Erlösung nicht erkennen. Und erst, wenn Katastrophen die elementaren Grundfeste eines Menschen erschüttern, wird alles anders. Dann steht man oft plötzlich ohne den gewohnten Schutz da und leidet entsetzlich.

Katastrophen können sehr an unserer Standfestigkeit in Glaubensdingen rütteln. Ein weiser Mann kritisierte einmal die Christen, daß sie oft mehr an ihre eigene Glaubensstärke als an Gott glaubten. Steht solch ein Mensch dann plötzlich harten Realitäten gegenüber, wird ihm bewußt, daß er Gott gar nicht richtig kennt. Nun erst steht er ihm von Angesicht zu Angesicht gegenüber. Das ist kein bloßes Geschwätz, darum geht es im Grunde in diesem großartigen Buch Hiob. Es gibt viele Dinge im Leben, die sich als unverantwortliche Fehler erweisen. Und die Bibel deckt auf, wie Gott Verantwortung für diese Fehler übernommen hat. Jesus Christus hat am Kreuz die Brücke über den Graben geschlagen, den die Sünde zwischen Gott und den Menschen aufgerissen hat. Gott nimmt das Opfer von Golgatha an, diese stellvertretend übernommene Verantwortung für die Sünde der Welt. Am Kreuz finden Menschen ihren persönlichen Ausweg und eine letzte Erklärung.

Die undurchdringliche Finsternis (3,13-22)

Diese Verse berichten nicht von Schmerz und Leid, sondern einfach von Finsternis und von dem Wunsch nach ewiger Ruhe.

„Warum gibt Gott das Licht dem Mühseligen und das Leben den betrübten Herzen – die auf den Tod warten, und er kommt nicht, und nach ihm suchen mehr als nach Schätzen, die sich sehr freuen und fröhlich wären, wenn sie ein Grab bekämen?" (Vers 20-22)

In der pechschwarzen Nacht seiner schrecklichen Situation erscheint Hiob der Tod als einziger Ausweg. Schon immer registrierte man in Zeiten großer Katastrophen einen Anstieg der Selbstmordrate. Das läßt auf die unendliche Qual schließen, den Dingen, wie sie plötzlich geworden sind, ins Auge zu blicken. Und die Dinge sind im wesentlichen chaotisch. Der einzige Weg, sein Leben zufriedenstellend zu leben, besteht darin, entweder ein Heide zu sein oder ein Heiliger. Wir können nur unentschieden bleiben, wenn wir uns weigern, über diese Realität nachzudenken.

Die uralten Steine im Weg (3,23-26)

Das Gefühl, durch Hindernisse blockiert zu sein, ist allgemein bekannt. So fühlte sich auch Hiob durch Gottes Handeln mit ihm total am normalen Weiterkommen gehindert. „Warum gibt Gott das Licht dem Mann, dessen Weg verborgen ist, dem Gott den Pfad ringsum verzäunt hat? ... Ich hatte keinen Frieden, keine Rast, keine Ruhe, da kam schon wieder ein Ungemach." (Vers 23,26)

Vielleicht kennen wir diese schrecklichen Behinderungen gar nicht. Wenn wir uns jedoch ernsthaft mit den Kernsätzen Jesu Christi in der Bergpredigt befassen, erspüren wir auch etwas von Hiobs Problemen. Die Lehren Jesu Christi müßten uns innerlich aufrütteln. Wie kommen wir damit klar, wenn er sagt: „Selig sind, die reinen Herzens sind" — selig der Mensch, an dem Gott nichts zu tadeln findet. Erfülle ich dieses Soll? Jesus sagt, daß nur Menschen mit reinem Herzen vor Gott bestehen werden. Das Neue Testament spricht nicht davon, daß Jesus in erster Linie gekommen ist, um Menschen zu belehren. Nach dem Neuen Testament kam Jesus Christus vor allem deshalb, um zu offenbaren, daß alles menschliche Leben auf Erlösung hin — auf seinen Freikauf am Kreuz von Golgatha — angelegt ist. Er ermöglichte es damit praktisch jedem Menschen, der dieses Geschenk annimmt, in das Reich hineingeboren zu werden, in dem er selbst lebt (Vergl. Joh. 3,3). Wenn wir wiedergeboren sind, teilt uns Gott durch Jesus Christus mit, was er aus uns machen will, vorausgesetzt, der Mensch läßt die Kraft Gottes an sich wirken. Solange ein Mensch meint, er hätte sich fest im Griff, braucht er Jesus Christus nicht; denn dieser sagte: „Ich bin gekommen, die Sünder zur Umkehr zu rufen und nicht die Gerechten." Wenn ein Mensch hart getroffen wird und seine eigene Hilflosigkeit erkennt, findet er es gar nicht abwegig, sich Jesus Christus als dem Ausweg zuzuwenden, den Gott für ihn bereit hält.

Es gibt das „Leiden des Pessimismus" im Menschenherzen, für das es kein Pflaster gibt. Aufmuntern und trösten mit Worten wie: „Kopf hoch! Sieh nur auf die Sonnenseiten des Lebens!" nützen da nicht viel. Dagegen hilft nur eine Kur: Gott selbst, der in Jesus Christus zu den Menschen gekommen ist. Durch Jesu Christi Erlösung, durch seinen Freikauf, wird der Weg zur Vergangenheit wieder geöffnet. Durch Fehler, Dunkelheiten und Hindernisse führt der Weg in die vollkommen unkomplizierte Beziehung zu Gott. Jesus Christus ermöglicht es den Menschen, allen Anklagen Satans, dem „Verkläger der Brüder", zu widerstehen. Satans Ziel ist es, den Menschen glauben zu machen, Gott sei grausam und alles liefe falsch im Leben. Pessimismus sei angesagt. Doch wenn ein Mensch sich aus innerster Seelennot an Gott wendet, so findet er in ihm die Antwort auf all seine Probleme.

Das Licht, das irrte — die falsche Erkenntnis

Hiob 4-5

In unserem Leben zählen nur die Taten, nicht die Jahre.
Es zählen die Gedanken, nicht die Atemzüge.
Was zählt, ist das Gefühl — nicht irgendwelche Zahlen auf dem Zifferblatt.
Wir sollten nach dem Schlag des Herzens unsere Stunden zählen.
Nur der lebt wirklich, der am meisten denkt, am tiefsten fühlt, am besten handelt.
Das Leben eilt stets auf das Ende zu, das Ende aller Dinge, das Ende, das ein Anfang ist — bei Gott.
Philip James Barley

Nicht das, was ein Mensch tut, ist letztlich von Bedeutung, sondern *wie* er es tut, und ob er mit dem Herzen dabei ist. Die Atmosphäre, die ein Mensch verbreitet, bestimmt mehr den Erfolg, als jede noch so große Geschäftigkeit.

Die vorgefaßte Meinung (4,1-6)

Elifas ist der erste der Freunde, der die allgemeine Sprachlosigkeit mit der Erklärung unterbricht, daß Gott stets gleich handelt, und das Menschen auch immer davon ausgehen sollten. Die folgenden Verse legen gleichsam das Thema fest: „Du hast viele unterwiesen und matte Hände gestärkt; deine Rede hat die Strauchelnden aufgerichtet, und die bebenden Knie hast du gekräftigt. Nun es aber an dich kommt, wirst du weich, und nun es dich trifft, erschrickst du." (Vers 3-5)

Hiobs Freund Elifas geht davon aus, daß Hiob einen Fehler begangen haben muß, ebenso wie all diejenigen, die zuvor von ihm aufgerichtet und getröstet worden sind. Das stimmt aber nicht. Hiob leidet, weil Gott und Satan seine Seele zum Schlachtfeld gemacht haben, ohne ihn vorher zu warnen oder ihm eine Erklärung zu geben. Es ist leicht, zu verurteilen, weil alles so einfach und logisch erscheint. Aber es ist auch riskant. Geben wir lieber Gott „Ellbogenfreiheit". Lassen wir ihn selbst in seinem Universum wirken, wie es ihm gefällt. Wenn wir Gottes Wirken auf einige fromme Menschen oder auf bestimmte Wege mit ihnen beschränken, stellen wir uns mit Gott auf eine Ebene. Hiobs Leiden und die Leiden der anderen hatten nichts miteinander zu tun. Was ihn an Schicksalsschlägen traf, war völlig anders geartet als die Nöte derer, die er vorher gestärkt und aufgerichtet hatte. Es ist eine gute Angewohnheit, im Urteil über andere vorsichtig zu sein. Da kann zum Beispiel jemand ganz offensichtlich lästerliche Worte gegen Gott aussprechen, und wir rufen gleich: „Wie schrecklich!" Doch wenn wir tiefer blicken, erkennen wir, daß dieser Mensch sehr leidet. Er ist durch irgend etwas verletzt worden und im Augenblick wie betäubt. Dieser Zustand geht aber in der Regel vorüber, und nach seinem Schmerz hat er plötzlich ein ganz anderes Verhältnis zu den Dingen. Erinnern wir uns daran, daß Gott am Ende urteilte, die Freunde hätten nicht, wie Hiob, die Wahrheit ausgesprochen.

Wir stehen in Gefahr, genau wie Elifas zu denken, wir behaupten vielleicht, ein Mensch lebe nicht richtig vor Gott, solange er nicht den von uns gestellten frommen Maßstäben entspricht. Wir sollten diese „Meßlatten" fallenlassen, die wir gern sowohl an Gottes Handeln als auch ans Handeln unserer Mitmenschen legen. Alles, was wir über Gott wissen können, ist sein göttliches Wesen, wie es uns Jesus Christus geoffenbart hat. Und alles, was wir über unsere Mitmenschen wissen, bleibt oft ein Rätsel. Es steht uns nicht zu, darüber vorschnelle Urteile zu fällen.

Die vorgefaßte Meinung präsentiert sich (4,7-21)

Elifas fährt fort, Hiobs Schicksalsschläge in der Meinung zu begründen, daß Gott nur gute Menschen mit seinem Segen belohnt. Wer Gottes Segen nicht hat, muß also böse sein.

„Bedenke doch: Wo ist ein Unschuldiger umgekommen? Oder wo wurden die Gerechten je vertilgt? Wohl aber habe ich gesehen: Die da Frevel pflügten und Unheil säten, ernteten es auch ein." (V. 7-8)

Elifas entnimmt der Natur seine Begründung: „Was immer ein Mensch sät, das wird er auch ernten." Gott straft den Rechtschaffenen nicht, und der Unschuldige kommt nicht um. Doch das stimmt einfach nicht, und so verzerrt diese vorgefaßte Meinung den Standpunkt Elifas'. Vorgefaßte Meinungen existieren auch in unseren Köpfen, wenn wir behaupten, Gott ließe niemals zu, daß ein Unschuldiger umkommt. Erwischt es einmal einen Gerechten, so urteilen wir: „Du kannst niemals ein Gerechter sein. Meiner Meinung nach hätte Gott dann niemals zugelassen, daß du so leidest. Ergo: Es ist erwiesen, daß du ein schlechter Mensch bist." Als Jesus Christus auf der Weltbühne erschien, sah die gängige Meinung der frommen Menschen etwa so aus: „Wir sind sozusagen Gottes ‚Behörde'. Die jüdische Religion ist von Gott eingesetzt, darum kannst du gar nicht der Messias sein", – und so kreuzigten sie ihn. Unser Herr sagte voraus, daß seine Gemeinde bei seiner Wiederkunft so sehr mit ihrer vorgefaßten, gängigen Meinung und ihrem eigenen Standpunkt beschäftigt sein wird, daß sie ihn gar nicht erkennt, wenn er wie ein „Dieb in der Nacht" kommt.

Es gibt Menschen, die den anderen mit ihrer Logik zum Schweigen bringen können, obwohl man ganz genau spürt, daß sie im Unrecht sind. Man kann es nur nicht beweisen. Die Dinge sind eben im wesentlichen nicht logisch, sondern tragisch. Logik und Begründungen sind lediglich Methoden, mit denen man an die Dinge herangehen kann. Sie geben aber keine Erklärung der Dinge, wie sie sich im Wesen verhalten.

Die Predigt des Vorurteils (5,1-16)

Ein Vorurteil ist ein Urteil, das ohne genaue Prüfung der Tatsachen gefällt wird. Wir alle erfahren am eigenen Leib Vorurteile und begegnen anderen damit. Was ein Vorurteil ist, merken wir deutlich bei Elifas. Er kennt Gott genau; und er glaubt auch, genau zu wissen, wie Gott handelt: Gott läßt niemals zu, daß der Gerechte leidet. Also muß er bei Hiobs Unglück konsequenterweise zu dem Schluß kommen, Hiob sei im Unrecht. Bacon sagte einmal, wie der Reichtum im Alten Testament, sei im Neuen Testament die Trübsal ein Zeichen des Segens. Und der Apostel Paulus bezeugt: „Alle, die ihr Leben im Glauben an Christus Jesus führen wollen, müssen Verfolgung leiden." (2.Tim. 3-12)

In jedem Menschenleben gibt es einen Bereich, in dem man Gott für *sein* Wirken „Freiraum" lassen muß. Wir dürfen weder ein vorschnelles Urteil über andere fällen noch unsere eigenen Erfahrungen als Maßstab an das Verhalten anderer anlegen. Es ist uns Menschen unmöglich, den Standpunkt des Allmächtigen zu kennen, und es ist gefährlich, aus Vorurteilen heraus zu predigen. Das macht Menschen dogmatisch und rechthaberisch. Wir sollten uns alle selbst die Frage stellen: Würde ich Gott im Trubel eines Hochzeitsfestes erkennen oder gar in einem *Zimmermann*? So erschien Jesus Christus den Pharisäern, und sie sagten, er sei verrückt. So kalkulieren und urteilen auch wir ständig. Wir spekulieren, dies und das könnte so geschehen, und vergessen ganz, daß Gott zu seiner Zeit eingreift. Wir können also getrost darauf warten, daß er es auf seine Weise tut – und nicht auf die von uns vorausgesagte. Wenn wir den Kontakt zu Gott so beständig aufrechterhalten, daß seine erstaunliche Macht zur Rechten und zur Linken offenkundig wird, dann lassen wir Gott den Freiraum einzugreifen, wann und wie es ihm beliebt und nicht, wie wir es wünschen.

Die Zurechtweisung des Dünkels (5,17-27)

Elifas weiß nicht nur ganz sicher, was Gott tun wird, er behauptet auch, was Hiob im Augenblick erleidet, sei die Strafe Gottes. „Siehe, selig ist der Mensch, den Gott zurechtweist; darum widersetze dich der Zucht des Allmächtigen nicht. Denn er verletzt und verbindet; er zerschlägt, und seine Hand heilt." (V. 17-18)

Aber Züchtigung ist eine viel mildere Angelegenheit als die Leiden im Leben Hiobs. Der Züchtigung liegt in der Hauptsache die Absicht zugrunde, unserer Erziehung förderlich zu sein. Das eigentliche Element der Leiden Hiobs war jedoch nicht Strafe oder Züchtigung, sondern die übernatürliche Vorgeschichte, von der er nichts wußte. Wenn Elifas recht hätte, würde seine Aussage darauf hinauslaufen, daß Hiob ein Scheinheiliger war. Elifas ist hier ein schlechter Schulmeister. Möge uns Gott vor dünkelhafter Tugend bewahren! Die Gefahr der Pseudo-Evangelisierung liegt darin, daß der Prediger dadurch zum „Vorgesetzten" wird. Er erscheint zwar nicht direkt als Tugendbold, aber seine Ausbildung legt das tendenziell nahe.

Als unser Herr zu den Jüngern sagte: „Folgt mir nach, und ich will euch zu Menschenfischern machen", war dies keine Verbeugung vor ein paar geschickten Anglern. Er sagte es zu denen, die die Schleppnetze einzogen – was mehr praktische Fähigkeiten als Geschicklichkeit erfordert. Daraus kann man den Schluß ziehen, daß es nicht die Hauptsache ist, unseren „Fisch an der Angel" zu beobachten, sondern die praktische Arbeit zu tun und Gott den Rest zu überlassen. Als Pseudo-Evangelisten liegen wir oft auf der Lauer und lassen uns keine Gelegenheit entgehen, mit den Leuten zu reden. Das verführt aber dazu, sich schulmeisterlich zu verhalten und aufzutreten als jemand, der etwas Besseres ist. Das mag zwar ein verständlicher Standpunkt sein, aber er verdirbt den Charakter. Diese Haltung macht einen Menschen nicht zum Jünger Jesu, sondern allzuoft zu jemandem, der jeden Augenblick „loszuballern" scheint – und dem die Leute lieber aus dem Weg gehen. Nach Jesus Christus brauchen wir nur auf die richtige Quelle zu achten. Dann sorgt er für das Wasser, das daraus fließt. „Wer an mich glaubt, von dessen Leib werden Ströme lebendigen Wassers fließen." (Joh.7,38)

Wer sind die Leute, die uns wirklich zum Segen werden? Es sind kaum diejenigen, die dies von sich meinen, sondern die, die wie Sterne oder Lilien sind und nicht nach frommen Dünkel riechen. Gewisse Pseudo-Evangelisten ließen einst Huxley sagen: „Ich habe etwas gegen die Christen. Sie wissen zuviel über Gott." Elifas kann Hiob auch viel über Gott erzählen. Doch wenn wir der Sache auf den Grund gehen, entdecken wir, daß dieser Mann, der Hiob zurechtweist, es nicht einmal fertigbringt, still neben ihm auszuhalten. Elifas verhielt sich anfangs sehr viel besser, als er noch nichts gesagt hatte. Da war er kein Besserwisser, sondern ein Mensch, der erschüttert war und für den Augenblick auch keine Erklärung wußte.

Wenn wir aus dem Buch Hiob lernen, uns vor dem, was wir nicht verstehen, still zu beugen, können wir innerlich wachsen. Es gibt Leid, das einem die Sprache verschlägt. Wir sollten nicht das „Evangelium gefühlvoller Schwärmerei" nach dem Motto verkündigen: „Nun reiß dich aber zusammen! Immer nur lächeln!" Alles, was wir tun können, ist, zu schweigen und auf Gottes Trost zu harren. Die Frage, die sich dabei stellt, ist nur die: „Glaube ich, daß Gott größer ist als alles, was ich mit meinem Verstand begreifen kann?" Theologie ist eine großartige Sache, ebenso eines Menschen Glaubensüberzeugung. Aber Gott ist größer als beides. Und das Zweitgrößte ist meine Beziehung zu dem lebendigen Gott.

Am Abgrund

Hiob 6-7

O dieser Schmerz, der Kampf und das Versagen!
Trostlose Tage, nutzlos Jahr um Jahr!
Gelübde in der Nacht, stürmisch, unerfüllbar!
Brennende Wunden, Tränen voller Reu'!

Wie habe ich da gekniet mit ausgestreckten Armen,
schweigende Wände angefleht Nacht für Nacht,
verwirrt, erstaunt, mit übergroßem Verlangen,
leer, ausgepumpt, erschöpft vom Hilfeschrei!

F. W. Myers

Im fortgeschrittenen Stadium seiner Leiden schildert Hiob die schreckliche Verzweiflung, die einen Menschen befallen kann. Doch es geht hier nicht um eine Seelenanalyse oder eine Aufzählung von Schmerzsymptomen, wie sie heute bei so manchem „Selbstbeschauer" üblich ist, der gern sein Seelenleben offenlegt.

Die Anatomie der Melancholie (6,1-14)

„Wenn man doch meinen Kummer wägen und mein Leiden zugleich auf die Waage legen wollte!" (V. 2)

Wie schon weiter oben erwähnt, kann niemand, der zwar ein Denker, aber kein Christ ist, tatsächlich ein Optimist sein. Optimismus ohne Glaube, ohne Christus, ist blind, mag er seelisch noch so gesund erscheinen. Sieht er den Tatsachen ungeschminkt ins Auge, so bleibt ihm am Ende nur die Verzweiflung. Es gibt eine Art Melancholie, die unvernünftig und krankhafter Natur ist. Doch Hiobs Melancholie entspringt dem sehr genauen Betrachten der Dinge, die ihm plötzlich zugestoßen sind. Er weigert sich, etwa den Kopf in den Sand zu stecken, um nichts zu hören und zu sehen. Hiob will weder zur Ehre Gottes noch zu seiner eigenen Beruhigung etwas beschönigen. Wenn ein Mensch nur die Peripherie der Leiden Hiobs und die sich daraus ergebenden Alltagsprobleme kennenlernt, wird er entweder um der Ehre Gottes willen entschuldigend sagen: „Ich muß wohl ein schlechter Mensch sein und das alles verdient haben." Dann sagt er allerdings nicht die Wahrheit. Oder er verbannt aus seinem Glaubensleben jegliche Form von Nachdenken. Die meisten von uns schätzen die „billige Gnade" und wohlfeile Errettung sehr. Alles vergeben und vergessen! Für Hiob besteht jedoch auf dieser Erde keinerlei Hoffnung auf Abhilfe, solange Gott selbst nicht eingreift.

Die Qual des Mißverstandenwerdens (6,15-30)

„Meine Brüder trügen wie ein Bach, wie das Bett der Bäche, die versickern." (V. 15)

Hiob klagt, daß seine Freunde ihn enttäuschen wie versiegte Bäche. (Man vergleiche Jeremia 15,18: „Du bist mir geworden wie ein trügerischer Born, der nicht mehr quellen will.")

Ein Freund von den Quäkern sagte mir einmal, er empfände für einen bestimmten Menschen keine Sympathie, weil dieser nicht richtig zürnen könnte. Hiobs Zorn war wohl von der Art, die der Apostel Paulus meinte, als er schrieb: „Zürnt ihr, so sündigt nicht" (Epheser 4,26). Sein Zorn richtete sich gegen das mangelnde Verständnis seiner Freunde. Er hatte aber ein Recht darauf, verstanden zu werden. Hiobs Freunde wollten den Sinn seiner Worte wohl mit Absicht nicht verstehen, und solch eine Haltung ist absolut nicht zu entschuldigen. Es ist schon möglich, dem anderen zu verstehen zu geben, daß man die Wahrheit anders sieht, indem man seine Worte wiederholt. Man will ihn überzeugen, daß er im Unrecht ist, indem man das Gesagte besonders betont. Genau das wirft Hiob seinen Freunden vor. Sie stellen seine Worte in Frage und denken dabei nicht an Gott, sondern an ihren eigenen Standpunkt. Folglich kritisieren sie nicht nur Hiob und werfen ihm Unrecht vor, sie stellen auch Gott falsch dar. Hiob klagt nicht so leichthin: „Niemand versteht mich!" Er bedauert ihr Mißverstehen, das auf einer falschen Deutung von Gottes Handeln basiert. Er sagt dem Sinn nach: „Ihr habt mir einen Rat gegeben, als ich nicht darum gebeten habe. Mein Weg wurde zu plötzlich völlig anders. Ich bin zu abrupt aus der Bahn geworfen worden und kann nur immer wieder bezeugen, daß ich nichts Böses getan habe. Es verletzt mich, daß ihr so wenig Verständnis zeigt."

Im Zweifelsfall zitieren die Leute gern Gamaliels Worte: „Stammt dies Werk von Menschen, so wird's untergehen; stammt es aber von Gott, so könnt ihr es nicht vernichten – und steht ihr dann nicht als solche da, die gegen Gott streiten wollen?" Es wäre dann sowieso zwecklos, dagegen anzugehen. Ein Christ sollte lieber offen protestieren, wenn jemandem ein „Beinchen gestellt" wird, worüber er stolpern und fallen soll. Wenn man sich neutral verhält, obwohl dem andern offensichtlich Unrecht geschieht, kann das durchaus den Fluch der Stadt Meros nach sich ziehen: „... daß sie nicht kamen dem Herrn zu Hilfe ... gegen die Mächtigen." Wenn jemand aus Gewissensgründen den Kriegsdienst verweigert, muß er ja auch nicht unbedingt Christ sein. Das Gewissen gehört zum natürlichen Menschen. Ein Christ dagegen ist in seinem Handeln abhängig von seiner persönlichen Beziehung zu Gott, nicht von seinem Gewissen.

Marterqualen (7,1-11)

„Meine Tage sind schneller dahingeflogen als ein Weberschiffchen und sind vergangen ohne Hoffnung ... Darum will auch ich meinem Mund nicht wehren. Ich will reden in der Angst meines Herzens und will klagen in der Betrübnis meiner Seele." (V.6.11)

Marterqualen sind eine besonders schwere Form der Folter, aus der es scheinbar kein Entrinnen gibt. Sie sind zwar selten, doch Hiob mußte sie erdulden. Heute geht es vielen Menschen in Krisensituationen ähnlich, und wir alle können sie vorübergehend erleben. Doch bei Hiob war es nicht nur eine Stimmung, bei ihm war es bittere Wirklichkeit. Darum finden wir dieses Buch in der Bibel. Seine Worte drücken keine gewöhnliche Niedergeschlagenheit oder Melancholie aus. Sie sind vielmehr die Klage eines Menschen, der sich mit dem Grund des Lebens konfrontiert sieht – und der ist tragisch. Jedesmal, wenn Hiob seinen Mund öffnet, bezeugt er, daß er den Boden unter den Füßen verloren hat und den Sinn seiner Leiden nicht begreift.

Jeder Krieg bestätigt uns, daß die Dinge dieser Welt im Grunde tragisch sind – ebenso, wie Hiob es erfuhr. In solchen Situationen entdecken die Menschen jedoch auch die Notwendigkeit der Errettung. Und sie erkennen Gottes Rechtfertigung darin. Noch so viele Opfer unsererseits können diese Basis menschlichen Lebens nicht verändern. Gott hat selbst die Verantwortung zu unserer Errettung übernommen. Hiobs Leiden rührte daher, daß er das Wesen der Dinge erkannte, so wie sie wirklich sind. Er reagierte – innerlich verletzt, empört und dem Wahnsinn nahe – deshalb wohl ähnlich wie Nietzsche. Man stelle sich einmal vor, wie es ist, wenn ein

Mensch Marterqualen leidet, ohne die Erlösung in Jesus Christus zu kennen! Er muß ja den Verstand verlieren. Gewisse Pseudo-Evangelisten machen einen großen Fehler, wenn sie auf dem Sündenbekenntnis als erstem Schritt auf Jesus Christus hin bestehen. Erst nachdem wir Jesus Christus kennengelernt haben, können wir unsere Sündhaftigkeit erkennen und bekennen.

Wenn wir uns ernsthaft mit Gestalten wie Hiob oder dem Apostel Paulus beschäftigen, dürfen wir nicht vergessen, daß Gott uns damit etwas vor Augen stellt, das wir selbst in dem Maße nie erlebt haben. Wir können Hiob nicht nach unserer eigenen Erfahrung einschätzen und bewerten, denn ein Grundproblem der ganzen Welt spiegelt sich in Hiobs Erfahrungen wider.

Dringende Bitte um Gnade (7,12-21)

Hiob drückt im folgenden Satz eine Stimmung aus, die uns nicht ganz unbekannt ist: „Bin ich denn das Meer oder der Drache, daß du eine Wache gegen mich aufstellst?" In bestimmten Stadien der Angst schreit das menschliche Herz zu Gott: „Ich wünschte, du ließest von mir ab! Warum mutest du mir Dinge zu, die mir gar nicht gefallen?" Auch wenn wir Christen sind, geht es durchaus nicht immer nach unseren eigenen Wünschen. Wichtig bleibt immer, daß das Gebet Jesu Christi erfüllt wird. Er betete für seine Jünger, daß sie alle eins seien, „so wie du, Vater, in mir bist und ich in dir." Daran liegt Gott sehr viel. Deshalb bittet er nicht lange um unsere Einwilligung. Ob uns das gefällt oder nicht, Gott will uns in seinem Feuer läutern, bis wir seinen Vorstellungen entsprechen. In diesem Prozeß schreien wir dann wie Hiob: „Ich wünschte, du ließest von mir ab!" Gott ist das einzige Wesen, das es sich leisten kann, mißverstanden zu werden. Das können wir nicht, sondern nur Gott. Wenn uns jemand mißversteht, nehmen wir ihm das in der Regel übel. Augustinus betete: „Heile mich, Herr, von der Lust, mich immerfort selbst zu rechtfertigen!" Gott rechtfertigt sich nie. Er läßt es zu, daß sich Verleumdung über Verleumdung und Spott über Spott häufen. Er hat keine Eile mit seiner Rechtfertigung.

Wir denken immer, Reichtum, Glück und Ehre müßten am Ende eines Menschenlebens stehen. In der Bibel aber steht, daß wir am Ende „Gott verherrlichen und uns für immer an ihm erfreuen." Wenn ein Mensch aufrichtig vor Gott steht, legt der Herr seinen Segen auf diesen Menschen. Hiob war einer von denen, der Gottes segnende Hand spürte. Und obwohl Hiob im Laufe dieses unfaßbaren Prozesses Gott um Erbarmen anflehte, offenbarte er auch darin noch blindes Vertrauen. „Selig ist, der sich nicht an mir ärgert", sagt unser Herr.

Mit Fragen erschlagen

Hiob 8

Wenn du dich doch nur von dem dicken Ich befreitest,
zurückbliebst wie ein leergefegtes Haus!
Er fände dich am steilsten Riff des Meeres
und rief: „Das ist das Ende nicht!"
Und füllte dich mit seinem Geiste.

Doch du läßt immer nur das dicke Ich herein
und bist voll kluger Sprüche, aktiv, clever, schlau.
Wenn Gott dann kommt, muß er enttäuscht erkennen:
„Der Mensch hat völlig an sich selbst genug.
Ich will es lieber lassen,
eng ist's in seinem Herzen, eng und voll,
und ist kein Platz darinnen mehr für mich."
T. E. Brown

Bildad, ein weiterer Freund, verurteilt Hiob anders als Elifas. Während Elifas geradewegs erklärt, Hiob hätte unrecht, geht Bildad einen anderen Weg: Er stellt Fragen. Trotzdem kommen sie der Ursache von Hiobs Leiden nicht näher. In uns allen steckt dieses gewisse: „Ja, aber ..." Und die meisten von uns verstehen die Probleme, die den anderen vor Kummer fast erdrücken, überhaupt nicht. Sie erscheinen ihnen extravagant und verrückt. Bildad entdeckt nicht im mindesten, wo das wahre Problem der Leiden Hiobs lag. Und wir sollten in unserem Urteil über das Leid eines anderen vorsichtig sein, daß wir nicht den Fehler machen, unsere Ansicht als die einzig richtige zu betrachten. Bildad stellt also Fragen. Er will alles genau wissen und verhält sich damit so wie viele, die den eigentlichen Problemen ausweichen.

Versteckter Vorwurf: „Wie kannst du nur!" (8,1-2)

„Da hob Bildad von Schuach an und sprach: Wie lange willst du so reden und sollen die Reden deines Mundes so ungestüm daherfahren?" (V. 1-2)

Mit den Worten: „Warum redest du so viel?" lenkt Bildad die Aufmerksamkeit von dem, was Hiob ihm erklären möchte, einfach ab. Er macht sich nicht die Mühe, ernsthaft darüber nachzudenken, warum Hiob klagt. Wenn wir einem Menschen begegnen, der ein loses Mundwerk hat, setzen wir alles daran, ihn zu überzeugen, daß er dem Ernst der Lage nur ausweichen will mit seinem Gerede. Hiob hält Ausschau nach jemandem, der ihn tatsächlich versteht. Er findet niemanden. Alle sind innerlich meilenweit von ihm entfernt.

Und auch wir würden es uns allzu leicht machen, wollten wir mit einem Achselzucken behaupten, Hiob lebte schließlich in einer anderen Zeit, und deshalb ginge uns das alles nichts an. Einige Dinge mögen zwar für die Zeit damals charakteristisch sein, aber die eigentlichen Probleme von Hiob sind auch in unseren Tagen dieselben. Es wird gern darüber diskutiert, daß die Heiligen des Neuen Testaments den Heiligen des Alten Testaments haushoch überlegen sind, doch in Wirklichkeit stimmt das nicht. Lediglich die Offenbarung des Werks der Erlösung durch unseren Herrn Jesus Christus am Kreuz von Golgatha ist in unseren Tagen rückblickend und in denen des Alten Testaments vorausschauend. Hiob ist vom Kern eines Problems betroffen, das eine Erlösung notwendig macht, während Bildad mit seinem Berg von Fragen und frommen Überlegungen ihm im Grunde nur ausweicht.

Versteckter Hinweis: „Tue recht!" (8,3)

„Meinst du, daß Gott unrecht richtet oder der Allmächtige das Recht verkehrt?" (V. 3)

In Bildad begegnen wir einem Menschen, der im Grunde den Problemen ausweicht. So reagiert man immer gern, wenn man einen unerwarteten Schlag erhält. Wir alle tendieren mehr oder weniger zu einer solchen Haltung. Wenn wir uns plötzlich durchschaut sehen, lenken wir ab (Joh. 4,16-20). Das versucht Bildad bei Hiob und deutet damit an, seine Leiden seien gar nicht so schwer verständlich, und nur eine Folge böser Taten. Gottes Gericht sei vollkommen. Es ist schwierig, sich mit einem Menschen zu unterhalten, der hartnäckig abstrakte Vermutungen für erwiesene Tatsache nimmt.

Versteckte Philosophie: „Wenn du aber ..." (8,4-6)

„Haben deine Söhne vor ihm gesündigt ... wenn du aber dich beizeiten zu Gott wendest ... wenn du aber rein und fromm bist ..." (V. 4-6) All diese frommen Worte besagen im Grunde: „Selbst wenn du nach Elifas Meinung etwas falsch gemacht hast, ist dein Leiden gar nicht so schlimm, wie du es dir einbildest. Alles ist gar nicht so problematisch. Gott ist nicht ungerecht — und das ist das Problem." Wenn man mit großen Schwierigkeiten nicht klarkommt, taucht immer jemand auf mit Worten wie: „Wie kannst du nur! Tue recht! Wenn du aber ..." und will uns damit ablenken. Wenn unsere Probleme so einfach zu lösen wären, wären es keine schweren Probleme, sondern nur Dinge, die ein wenig durcheinandergeraten sind. Kommen wir zu den tiefen Problemen unseres Lebens, die eigentlich nur vom Schöpfer dieses Lebens zu beantworten sind, dann stehen wir genauso da wie Hiob. Dann verstehen wir, warum er auf die Antworten der Freunde so gereizt reagiert. Hätten seine Freunde erschüttert und ehrfürchtig geschwiegen wie an den ersten sieben Tagen, dann wären sie ihm eine echte Stütze gewesen. Dann wären sie am Ende zu derselben Einsicht wie Hiob gekommen, und Gott hätte sie nicht getadelt.

Wenn man sozusagen nur an einer „seelischen Neuralgie" leidet, dann reicht das „Evangelium des Temperaments" mit dem Rat: „Immer nur lächeln!" Dann genügt eine Tasse Tee vollkommen. Sitzt der Schmerz aber tiefer, dann ist die Aufforderung: „Freu dich doch des Lebens!" eher eine Beleidigung. Was nützen einer Frau, die im Krieg den Mann und die Söhne verloren hat, die Worte: „Mach es wie die Sonnenuhr, zähl die heit'ren Stunden nur!"? Es gibt keine heiteren Stunden mehr. Die Sonne scheint nicht mehr. Alles ist dunkel. Und wenn Gott sich nicht über sie erbarmen und sie trösten würde, wäre sie wirklich bedauernswert! Es gehört Fingerspitzengefühl dazu, Menschen im Leid recht zu begegnen. Vorschnelle Meinungen können sehr verletzen.

Die Haltung des Schwätzers (8,7-10)

„Dann frage die früheren Geschlechter und merke auf das, was ihre Väter erforscht haben ... sie werden dich's lehren und dir sagen und ihre Rede aus ihrem Herzen hervorbringen." (V. 8.10)

Was Bildad hier sagt, ist so, wie wenn man den Insassen einer Nervenheilanstalt sagte, es sei besser, gesund als wahnsinnig zu sein — sie seien allerdings Irre! Bildad will absolut nicht glauben, daß Hiob Probleme hat, die seine Vorväter nicht kannten. Wir vergessen leicht, daß in jedem individuellen Leiden ein einmaliges Element ist, das vorher noch bei keinem andern vorhanden war. Tennyson drückt es in seinem Werk „In Memoriam" so aus:

*Man schreibt, daß man „als Freund verbleibt",
ein „schwerer Verlust", doch „es ist nun mal so".
Man meint es gut — und drischt leeres Stroh.*

*„Es ist nun mal so", das macht mich nicht froh,
gibt mir Trost nicht vom Morgen zum Abend.
Man meint es gut — doch es bricht mir das Herz.*

Im großen und ganzen erleben wir Freud und Leid alle ähnlich. Trotzdem ist es bei jedem von uns ein klein wenig anders. Nur der Unaufrichtige weicht dem aus. Steht ein Mensch vor derart großen Problemen, kann er sie nur wie ein Kind annehmen. Ein Segen, wenn ihm dann ein Mensch begegnet, der sagt: „Ich weiß die Antwort auf deine Probleme nicht. Gott allein kennt sie. Laß sie uns im Gebet vor Gott bringen." Es wäre darum viel besser gewesen, wenn die Freunde fürbittend für Hiob eingetreten wären. Es wäre besser gewesen, wenn sie gesagt hätten: „Das hier ist Gottes Sache, nicht unsere. Da reicht unsere Glaubensüberzeugung allein nicht aus." Doch statt dessen hielten sie wunderliche Reden und hielten Hiob vor, er sei im Unrecht. Als Gott dann in Erscheinung trat, bestätigte er das, was Hiob von ihm gesagt hatte und mißbilligte die Reden seiner Freunde.

Wenn die Erlösung durch Gott nicht die Basis menschlichen Lebens wäre und wir nicht das Gebet als einziges Hilfsmittel hätten, dann würden wir „ausgeklügelten Fabeln folgen". Immer wieder haben, besonders im Krieg, Menschen im Gebet Zuflucht gesucht, nicht etwa, weil sie schwach und krank waren, sondern weil sie ihre Grenzen erkannten und nicht mehr weiterwußten. Wann immer ein Mensch da anlangt, wendet er sich unwillkürlich an Gott. Elifas behauptete, er wüßte genau, wo Hiobs Schmerz säße. Bildad behauptete dasselbe. Und Hiob war verletzt. Seine Freunde versuchten, ihn mit Gemeinplätzen zu heilen. Wer Trost spenden will, sollte aber keine Predigten halten, sondern als stiller Kamerad dem Trauernden zur Seite stehen und die ganze traurige Angelegenheit fürbittend vor Gott bringen.

Wir helfen keinem Leidtragenden, indem wir ihm mit allgemeinen Redensarten begegnen oder ihm Fragen stellen, sondern indem wir ihn im Gebet vor Gott bringen. Die „größeren Werke", von denen Jesus in Johannes 14, Vers 12.13 spricht, werden durchs

Gebet getan. Hiobs Freunde beteten jedoch nicht für ihn. Wir sind gar nicht dazu bestimmt, das Leben im Tiefsten zu begreifen. Kann ich eine Sache verstehen oder definieren, meistere ich sie auch. Das Leben als solches kann ich aber nicht verstehen oder definieren. Ich kann auch Gott nicht verstehen oder definieren. Deshalb meistere ich weder das eine noch das andere. Logik und Verstand trachten immer wieder nach Eindeutigkeit. Alles, was man nicht definieren kann, wird abgelehnt oder gar verspottet. Der Rationalist spottet darum gern über Gott und das Leben. Der Rationalist lehnt alles ab, was man nicht mit dem Verstand erklären kann und vergißt dabei ganz, daß man die Dinge, die das Leben im Tiefsten ausmachen, nicht erklären kann.

Zur Zeit gibt es viele Leute, die behaupten, sie könnten anderen den Weg weisen und treiben viel Unfug mit diesen menschlichen Grundfragen. Ein Mensch ist kriminell, wenn er Dinge weiß, die er eigentlich nicht wissen dürfte. Das erste Verdammungsurteil Gottes richtete sich gegen Adam, als dieser vom Baum der Erkenntnis aß. Adam war dazu bestimmt, als Mensch Gutes und Böses zu unterscheiden – aber nicht dadurch, daß er von der Frucht des Baumes aß. Gott wollte, daß er – wie Jesus Christus – das Gute vom Bösen unterscheiden lernte durch den einfachen Gehorsam seinem Vater gegenüber. Von Natur aus kann niemand von uns Gut und Böse auf Anhieb unterscheiden. Und wenn wir wiedergeboren sind, sollten wir darauf bedacht sein, die Grundfragen des Lebens mit Ehrfurcht zu betrachten.

Die Sache mit dem Vergleich (8,11)

„Kann auch Rohr aufwachsen, wo es nicht feucht ist, oder Schilf wachsen ohne Wasser?" (V. 11)

Bildad gebraucht ein Bild aus der Natur und versucht es mit dem, was er sagen will, in Einklang zu bringen. Wir zerreden eine Illustration gern durch logische Folgerungen. Die Bibel tut das nicht. Eine Illustration sollte einfach ein Fenster sein, durch das man schaut, der man selbst aber keine Aufmerksamkeit schenkt. Nimmt man nun ein Bild aus der Natur und wendet es auf das moralische oder geistliche Leben an, so stimmt es mit den Fakten nicht genau überein. Die Gesetze der Natur sind anders als die der geistlichen Welt. In erster Linie ist ein Gesetz nichts Konkretes, sondern eine Abstraktion, durch die der menschliche Geist sich etwas erklärt. Gott sagt: „Ich will euch die Jahre erstatten, deren

Ertrag die Heuschrecken gefressen haben ..." (Joel 2,25). Das ist kein natürliches Gesetz, und doch geschieht es in der geistlichen Welt. In der natürlichen Welt geht das nicht. Doch in der geistlichen Welt macht Jesus Christus es tatsächlich möglich. „Wahrlich, wahrlich, ich sage dir: Wenn jemand nicht durch Wasser und Geist geboren wird, kann er nicht in das Reich Gottes kommen." (Joh. 3,3)

Richtig ist, daß es Gesetzmäßigkeiten in der natürlichen Welt gibt. Will man die Dinge erklären, muß man beachten, daß sie in beiden Welten verschieden sind. Bildad verwendet ein Bild vom „Rohr und Schilf" und wendet es auf Hiob an. Er ist jedoch sehr darauf bedacht, sein Bild mit Hiobs Erfahrungen in Einklang zu bringen. Ein Rationalist versucht oft, seinen Standpunkt in einer Debatte zu erklären und spürt doch, daß er unrecht hat. Am meisten springt für ihn dabei heraus, wenn er mit Leuten diskutiert, die ihm geistig unterlegen sind. Nach dem ersten Triumphgefühl merkt er allerdings bald, daß er am Ziel vorbeiläuft. In der Debatte war er siegreich, nicht aber was die Tatsachen anbelangt. Man kann nicht diskutierend den Dingen auf den Grund gehen. Unser Herr steht in einem logischen Zusammenhang immer hintenan, obwohl er in Wirklichkeit „mehr als ein Überwinder" ist. Jesus Christus lebt in einer moralischen Domäne, in der der Intellekt wenig nützt. Der Intellekt ist nur ein Hilfsmittel, nicht die Hilfe an sich.

Praxis der Frömmigkeit (8,12-22).

„Siehe, Gott verwirft die Frommen nicht und hält die Hand der Boshaften nicht fest." (V. 20)

Bildad kultiviert sozusagen den Spielraum seines Sehvermögens. Das ist ein Trick der Frömmigkeit, die nicht auf der persönlichen Beziehung zu Gott beruht. Offensichtlich spricht Bildad von etwas Abstraktem, während er die ganze Zeit über Hiob kritisiert. Hiob ist in seinen Augen ein Heuchler und Betrüger. Das ist keine Absicht von Bildad, eher Begrenztheit. Er ist voll und ganz mit dem Innenleben des anderen beschäftigt. Bildad hat Gott nie richtig erkannt, während Hiob nicht weit davon entfernt ist, den lebendigen Gott zu erkennen. Das Glaubensbekenntnis allein ist Bildads Abgott. Hätte er den wahren Gott erkannt, würde er zu ihm beten und bekennen, daß ihm die Dinge zu hoch sind. Wann immer wir ein Glaubensbekenntnis an die Stelle des lebendigen Gottes setzen, ergibt sich daraus diese Diskrepanz. Es ist die Masche desjenigen, der seine Glaubensüberzeugung vor die Verbindung mit dem lebendigen Gott setzt, das heißt aber, „mit dem Schein des Rechtes Unrecht tun".

Im Krieg haben viele Menschen den Unterschied zwischen ihrem Lippenbekenntnis und dem lebendigen Gott erkannt. Zunächst meint der Mensch, er sei abtrünnig geworden, weil er den Glauben an seine alten Glaubensvorstellungen verloren hat. Später entdeckt er, daß er nun erst wirklich zu Gott gefunden hat. Jetzt erst lernt er die Realität Gottes kennen. Außer in dieser Realität ist Gott nirgendwo zu finden. Wäre Gott nur ein Glaubensbekenntnis oder eine religiöse Definition, dann wäre er keine Realität. Ist Gott aber der *eine*, mit dem man auch ohne den Intellekt in Berührung kommen kann – wie es das Buch Hiob uns zeigt –, dann kommt jeder, der die Realität der Dinge berührt, auch mit Gott in Berührung.

Agnostizismus

Hiob 9-10

Nun strömt hinaus, tut tapfer eure Pflicht,
ihr Knechte mit den ungeschützten Herzen!
Hinaus aus stolzen Türmen,
weg von Barrikaden,
hin auf das Schlachtfeld stürmt!
Ihr werdet fallen — und einst
wieder auferstehn.

R. L. Stevenson

Agnostizismus ist nicht immer so beklagenswert, wie man ihn sich vorstellt, und wenn er offen zugegeben wird, ist er nicht böse gemeint. Schwierigkeiten treten erst auf, wenn er nicht ehrlich zugegeben wird. Ein Agnostiker erkennt immerhin an, daß es mehr Dinge gibt, als diejenigen, die er selbst kennengelernt hat, und daß er Neues nur durch Offenbarung kennenlernen kann.

Die kosmische Refraktion Gottes (9,1-12)

Wenn wir Gott so akzeptieren, wie wir ihn durch Jesus Christus erfahren, und wenn wir dann auf die gegenwärtige Ordnung des materiellen Universums blicken, finden wir bald heraus, was mit dem Ausdruck „kosmische Refraktion Gottes" gemeint ist. Wann immer Gott sich in der gegenwärtigen Ordnung der Dinge präsentiert, erscheint er refraktiert, das heißt, in unseren Augen gebrochen, unverständlich, verzerrt. Wir können ihn nicht begreifen. Bemerkt ein Mensch die Wunder der Natur, erscheint ihm Gott über alle Vorstellungen erhaben und allmächtig. Gott läßt in der kosmischen Welt Dinge zu, die man nur als Refraktion bezeichnen kann. Diese Dinge reagieren dann einfach nicht so, wie sie nach unserer menschlichen Auffassung reagieren müßten. Hiob sagte an dieser Stelle: „Wenn Gott mir auf diese Weise zeigen will, wie allmächtig er ist, wer bin ich dagegen?" „Wenn der Mensch in einen Wettstreit mit ihm eintreten will, kann er ihm auf tausend Fragen keine Antwort geben." Der exzentrische Poet George Herbert schrieb ein Gedicht, in dem der folgende Ausspruch immer wiederkehrt:

Sei nur nicht gegen mich, Allmächtiger!
Sei für mich, Gott!

Hiobs Qualen lagen nicht in seinem Temperament begründet. Er war zum Innersten der Dinge vorgedrungen und konnte nur Tragik und Leere empfinden. Hier beschreibt Hiob die Bestürzung, die den erfaßt, der wirklich anfängt, über die Dinge nachzudenken. Ich glaube, jeder fragt sich einmal mehr oder weniger ernsthaft: Wenn Gott Liebe ist, warum erlaubt er dann dem Habicht, den Spatz zu töten? Tennyson drückt es so aus: „... Natur, blutrot an Maul und Klauen ..." Warum läßt Gott es zu, daß ein Tier das andere frißt? Warum führt ein Volk gegen das andere Krieg? Das sind keine leichten Fragen, sondern echte Rätsel. Da bleiben nur zwei Möglichkeiten: die Tatsachen zu leugnen oder einzugestehen, daß wir wie der Agnostiker die Antwort nicht wissen. Hiob setzt sich mit dem Problem auseinander, daß die Realitäten nicht so sind, wie sie sein sollten. Hiob fragt sich, ob Gott wirklich so ist, wie er ihn bisher gekannt hat. Seine Freunde aber stellen sich diese Frage nicht. Sie wollen das Schwierige an Hiobs Problem einfach nicht wahrhaben und werfen ihm vor: „Wenn Gott dir entstellt erscheint, so liegt es daran, daß du selbst entstellt bist."

Die kosmischen Kräfte lassen Gott gleichgültig, grausam und weit entfernt erscheinen, und Verfechter eines bestimmten Glaubensbekenntnisses müssen schon ihre Augen vor den Tatsachen verschließen. Die einzige Erklärung gibt die Erkenntnis, daß an der Basis der Dinge etwas böse ist, daher die Verzerrungen. Der Apostel Paulus sagt, die ganze Schöpfung „wartet sehnsüchtig darauf, daß die Kinder Gottes offenbar werden." Bis dahin bleibt das Problem bestehen ...

Schaut man nun durch ein Mikroskop oder ein Teleskop, so ist man zutiefst erschüttert über den Mikro- und den Makrokosmos. Sein Zustand jagt uns einen Schrecken ein. Betrachten wir den Kosmos lediglich mit dem Intellekt, sehen wir uns völlig ungebändigten Kräften gegenüber. Die Natur an sich ist wild, nicht zahm. Kein Mensch kann das Geheimnis des Universums enträtseln. Dieses Universum ist durcheinandergeraten, und die menschliche Vernunft vermag es nicht zu ordnen. Das schafft allein die Weisheit Gottes, die in der Erlösung durch Jesus Christus offenbar geworden ist. Ein Christ ist jemand, der mit dem Agnostiker offen zugibt: „Ich habe die Grenzen meines Wissen und meiner Erkenntnis erreicht", und der dann demütig die in Jesus Christus gegebene Offenbarung Gottes annimmt.

Unschuld bäumt sich auf (9,13-20)

„Wie sollte dann ich ihm antworten und Worte finden vor ihm? Wenn ich auch recht habe, so kann ich ihm doch nicht antworten, sondern ich müßte um mein Recht flehen." (V. 14.15)

Die meisten von uns gehen davon aus, daß Gott gut und freundlich ist und diejenigen begünstigt, die ihm vertrauen. Hiob hatte das auch geglaubt. Doch nun wacht ganz deutlich die gegenteilige Meinung in ihm auf. Hiobs Gutsein läßt ihn die Dinge anders sehen, nicht etwa sein Schlechtsein. Wir alle erleben hier etwas, das unsere traditionellen Glaubensvorstellungen von Gott ins Wanken bringt. Es sind neue Elemente, die in das Bild unserer früheren Glaubensaussagen über Gott nicht passen.

Elifas und Bildad haben da keine Probleme. Ihr einziges Ziel ist es, Hiob davon zu überzeugen, daß er „Dreck am Stecken" hat. Es ist ein Zeichen von Unehrlichkeit, wenn er Fehler bei anderen findet, nur nicht bei sich selbst. „Es ist ganz unmöglich, daß ich mir ein falsches Bild von Gott mache." Bildad und Elifas geben nicht zu, daß sie sich irren könnten. Der Bannstrahl der Endgültigkeit liegt über ihren Ansichten. Es gibt aber immer Probleme, wenn Menschen nicht bereit sind, ihre Meinung von Gott zu revidieren. Bildad wirft Hiob vor, er würde nicht so leiden, wenn er nicht gesündigt hätte. Hiob jedoch behauptet: „Ich habe kein Unrecht getan, und trotzdem geht es mir schlecht." Hiob beharrt auf den Tatsachen, nicht darauf, ob sich sein Glaubensbekenntnis als richtig erweist. Immer wieder wird Menschen, die ihrem alten Glaubensbekenntnis entwachsen, vorgeworfen, sie seien abtrünnig. Und dabei ist es schon schmerzlich genug für einen Menschen, wenn er eine Änderung seiner Glaubensvorstellungen feststellt. Man sollte niemals zur Ehre Gottes lügen, was dennoch leicht geschieht. Hiob lehnt eine Darstellung Gottes ab, die nicht mit den Tatsachen übereinstimmt. Er ist nicht skeptisch gegenüber Gott, zweifelt nicht an seiner Existenz. Doch er protestiert entschieden dagegen, wie seine Freunde Gott beschreiben.

Konzentrierte Reaktion des Kummers (9,21-35)

„Denn er ist nicht ein Mensch wie ich, dem ich antworten könnte, daß wir miteinander vor Gericht gingen. Daß es doch zwischen uns einen Schiedsmann gäbe, der seine Hand auf uns beide legte!" (V. 32-33)

Hiob hofft auf einen Schiedsmann, einen Vermittler, der nicht nur Gott rechtfertigen würde, sondern auch ihn selbst. „Mein Lippenbekenntnis reicht nicht aus", klagt er, „auch nicht meine Erfahrungen oder meine persönliche Weltanschauung." Sein Kummer brachte Hiob zu dieser Erkenntnis. Schmerz bewirkte das, nicht etwa Freude und Wohlstand, sondern Kummer und Schmerz. Der bedeutende Faktor im Leben Jesu Christi, des Erlösers der Welt, sieht so aus: „... So wollte ihn der Herr zerschlagen mit Krankheit" (Jesaja 53,10). Im Leid begehrt der Mensch erst einmal auf und sagt zornige Dinge, weil er innerlich verletzt ist. Doch am Ende bringt das Leid den Menschen zum richtigen Standpunkt, daß nämlich die Dinge im Grund genommen tragisch sind. Solange ich glücklich bin und die Dinge gut laufen, wiederhole ich vielleicht das, was ein berühmter Philosoph sagte: „Diese Welt ist die beste aller nur möglichen Welten." Tatsächlich war sie ursprünglich von Gott dazu ausersehen. Inzwischen ist sie zur schlechtesten aller nur möglichen Welten herabgesunken. Die Bibel macht deutlich: schlechter geht's kaum. Die Menschen, die Böses taten, bewirkten das. Die Welt als solche war nicht schlecht. Schmerz und Leid bringen einen Menschen schneller dazu, dies zu erkennen, und er sehnt sich nach einem gerechten Schiedsrichter, der seine Schuld und sein Leid wägt.

Es wäre nutzlos, Hiob zu erzählen, es gäbe keinen Gott, und er würde gar nicht leiden. Er hat zu viele Erfahrungen mit Gott und seinem Leid gemacht. Es wäre auch nutzlos, ihm zu erklären, sein Glaubensbekenntnis sei der Schiedsrichter und würde den Schiedsspruch zwischen ihm und Gott fällen. Damit wäre längst nicht alles geklärt. Hiob ist ein Typ Mensch, der weder in der Kirche noch in der Schrift ausruht. Hiob braucht lebendige Realität. Ein Mensch, der mit seinem Glaubensbekenntnis auf „Nummer sicher" geht, läuft Gefahr, die persönliche Beziehung zu Gott zu verfehlen. Und der schmerzvolle Weg des Hiob bringt einem Menschen am Ende dieses Ergebnis.

Vermeintliche Ablehnung (10,1-17)

Hiobs Äußerung sind die letzten Worte, mit denen er sein Leid erklärt. Seine Ansichten sind klar und erschreckend zugleich. Hiob versucht es sich zu erklären, warum Gott ihn anscheinend ablehnt, und warum er ein Recht hat, dagegen anzugehen.

„Wo du doch weißt, daß ich nicht schuldig bin und niemand da ist, der aus deiner Hand erretten kann. Deine Hände haben mich gebildet und bereitet. Danach hast du dich abgewandt und willst mich verderben?" (V. 7.8)

Die ganze Zeit über begründet Hiob seine Auffassung mit den Tatsachen, die ihm widerfahren sind. Und genau das sollte man auch tun, obwohl viele von uns zu Gottes Ehre lieber lügen würden, als bestimmte Tatsachen zuzugeben. Der Fanatiker verschanzt sich hinter unüberwindlicher Ignoranz. Hiob dagegen will nichts anerkennen, das gegen die Tatsachen spricht. Er ist nicht melancholisch und sagt auch nicht, Gott wäre grausam. Er registriert einfach die Fakten: „Es sieht so aus, als lehnte Gott mich ohne Grund ab. Alle Anzeichen sprechen dafür, und ich will sie nicht ignorieren." Hiob will seine Erfahrungen nicht mit schmeichelhaften, salbungsvollen Lügen verdecken. Niemand sollte einem anderen einen Stolperstein in den Weg legen, wenn er die Wahrheit sagt. Es macht Gott mehr Ehre, wenn man, statt zu lügen, die Wahrheit spricht. Hat einem Gott etwas Gutes getan, ist es klar erkenntlich. Hat er es nicht getan, sollte man um der anderen willen nicht die Unwahrheit sagen. Hiob bleibt fest bei der Wahrheit und nimmt in Kauf, daß seine Freunde verwirrt sind. Und am Ende gibt Gott ihm recht.

Anspruch auf Zuflucht (10,18-22)

„Ist denn mein Leben nicht kurz? So höre auf und laß von mir ab, daß ich ein wenig erquickt werde, ehe denn ich hingehe – und komme nicht zurück – ins Land der Finsternis und des Todes." (V. 20-21)

„Ich weiß keinen Ausweg", sagt Hiob. Er liegt am Boden, nicht nur schwach, sondern völlig erschöpft. Hiob meint, wenn selbst Gott ihm keine Zuflucht mehr sein will, gibt es nur noch den Tod als Alternative. In allen Lebenskrisen, wie sie im Alten Testament erscheinen, und wie sie auch unser Herr Jesus Christus im Neuen Testament beschreibt, wird immer betont: „Gott ist unsere Zuflucht." Es besteht ein Unterschied zwischen Schwäche, die aus Mangel an Nachdenken entsteht und Schwäche, die in der Erkenntnis niederschmetternder Tatsachen ihren Ursprung hat. Hiob erkennt nun zum ersten Mal: Gott ist die einzige Zuflucht! Gott ist der Ausweg! Doch er kann diese Zuflucht nicht auf dem Weg über sein Glaubensbekenntnis finden. Das ist bei ihm durcheinandergeraten. Er kann sich nur noch in Gottes Arme werfen.

Und genau diesen Aspekt von Gott finden wir auf der Basis der Erlösung. Wenn ein Mensch von seiner Sündhaftigkeit überzeugt ist (was der deutlichste Hinweis dafür ist, daß an seinem Lebensgrund etwas negativ ist), dann spürt er auch, daß er damit nicht allein fertig werden kann. Er spürt aber auch, daß Gott ihm nicht so einfach vergeben kann. Wenn er das annähme, hieße das, des Menschen Verständnis von der Vergebung wäre größer als das Verständnis Gottes. Wenn mir vergeben würde, ohne daß sich etwas änderte, wäre Vergebung nicht nur schädlich für mich, sondern auch ein Beweis von Gottes absoluter Schwäche. Solange es der Vergebung aus Gott nicht gelingt, den Menschen heilig und rechtschaffen zu machen, solange ist es „billige Gnade" und eine unwürdige Sache.

Unsere Probleme sind zu groß, als daß wir sie allein bewältigen könnten. Flüchten wir jedoch geradewegs in die Arme Gottes, finden wir dort die Zuflucht, die Hiob meint. Wir erfahren keine Erlösung und Vergebung, solange wir nicht in persönliche Probleme verstrickt sind. Dann erst können wir begreifen, warum es nötig ist, sich an Gott zu wenden. Und wenn wir uns an ihn wenden, wird er uns zur Zufluchtsstätte, an der wir ausruhen können. Bis zu diesem Zeitpunkt hatte Hiob nirgendwo eine Zuflucht. Nun aber sehnt er sich danach. Wenn ein Mensch den Heiligen Geist empfängt, ändern sich seine Probleme nicht. Aber er hat einen Zufluchtsort, von dem aus er sie lösen kann. Vorher war er draußen in der Welt allem schutzlos preisgegeben. Nun ist sein Leben im Zentrum zur Ruhe gekommen, und er kann Schritt für Schritt damit anfangen, seine Probleme aufzudecken und zu bewältigen.

Wortschwall

Hiob 11

Mir fehlt's an Weisheit, Einsicht, Wissen und Verstand,
Dein Werk, Du großer Meister, zu verstehn.
Du hast mich bis zu diesem Punkt gebracht,
und ich kann gar nichts Gutes daran sehn!
Doch rufen kann ich laut: „O nein,
dies alles tat der Schöpfer nicht!
Es war der Feind, der einst sieht Ihn,
und vor dem Anblick Gottes wird entfliehn!"
George MacDonald

Dünkelhafte Empörung erhebt sich (11,1-4)

„Da hob Zofar von Naama an und sprach: Muß langes Gerede ohne Antwort bleiben? Muß denn ein Schwätzer immer recht haben?" (V. 1-2)

Zofar nimmt Anstoß an den Klagen eines Menschen, dessen Herz voll ist und dessen Mund „überläuft". Er nennt Hiob einen Schwätzer und verschließt damit seine Augen vor den Problemen Hiobs. Es geschieht oft, daß man sich über jemanden ärgert, weil man ihn in gewissen Punkten einfach nicht versteht. Und anstatt sich um Verständnis zu bemühen, hebt man empört den Finger. Zofar kam zu dem Schluß, daß bei Hiob etwas nicht stimmte – sein Glaubensbekenntnis sei falsch. So behauptete Zofar: „Ich allein liege richtig. An meinem Glauben ist nichts falsch." Diese Haltung der dünkelhaften Empörung begegnet uns oft, wenn Probleme im Spiel sind, die unsere Selbstachtung ankratzen. Wir verdammen das unverständliche Verhalten des anderen und übersehen gern, daß unser Verhalten weitaus schlimmer ist.

Falsches Anrufen Gottes (11,5-10)

„Ach, daß Gott mit dir redete und täte seine Lippen auf und zeigte dir die Tiefen der Weisheit... Meinst du, daß du weißt, was Gott weiß, oder kannst du alles so vollkommen treffen wie der Allmächtige?" (V. 5-7)

Eine andere Eigenheit großsprecherischer Frömmigkeit ist solch ein Anrufen Gottes zur Untermauerung der eigenen ziemlich fragwürdigen inneren Einstellung. Hier ruft Zofar Gott als Bundesgenossen an, als er Hiob angreift. In unseren Gebeten machen wir es oft ähnlich. Unsere sich ständig wiederholenden Bitten entspringen oft falschen Gefühlen und sind nicht mehr spontan. Die meisten von uns reden zu gekünstelt und salbungsvoll vor Gott. Wir sprechen im Gebet das aus, wozu wir uns verpflichtet fühlen — nicht aber das, was uns wirklich am Herzen liegt. Unser Gebet mag sehr interessant und edel klingen, aber es ist oft nicht das, was uns innerlich bedrängt. Mehr „tönendes Erz" und „klingende Schellen" als harte Wirklichkeit!

Eine zweite Art eines falschen Anrufens Gottes betrifft den Gedanken, daß Gott sein ganzes Volk wegen bestimmter Untaten Einzelner strafe. Statt dessen sollten wir aber sensibler für etwas sehr viel Tieferes werden. Respektvolles Schweigen ist angebracht, wenn wir Problemen anderer gegenüberstehen, die wir gar nicht begreifen können, weil wir sie nicht persönlich kennen. Wenn wir Gott anrufen, sollte das nur in aufrichtiger, geistlicher Haltung geschehen. Wir sind meist nicht in der rechten inneren Verfassung dazu. Rufen wir Gott an, weil wir der Meinung sind, wir würden ihn ganz und gar kennen und über ihn verfügen können, dann kommt das einer Gotteslästerung nahe.

Selbstbewußte Belehrung (11,11-15)

„Wenn du den Frevel in deiner Hand von dir wegtust, daß in deiner Hütte kein Unrecht bliebe: so könntest du dein Antlitz aufheben ohne Tadel und würdest fest sein und dich nicht fürchten." (V. 14.15)

Zofar versucht, Hiob von einer falschen Basis aus zu belehren. Er erklärt, Hiob würde niemals weise. „Kann ein Hohlkopf verständig werden, kann ein junger Wildesel als Mensch zur Welt kommen?" So verfährt Zofar mit einem Menschen, der ihm innerlich haushoch überlegen ist! Zuerst überhebt er sich in dünkelhafter Empörung, dann fährt er ein frommes Geschütz auf, danach ein schulmeisterliches. Und sofort setzt er damit sein dickes Ich an die Spitze. Typisch für diese Art von Belehrung ist das Selbstbewußtsein des Besserwissers. Aber die wertvollsten moralischen Instruktionen erhalten wir niemals von Leuten, die uns bewußt belehren wollen; denn die moralische Belehrung geht anders vonstatten als die intellektuelle. Konfusion ist immer das Ergebnis, wenn wir die

Methoden der intellektuellen Belehrung auf den moralischen Bereich übertragen und sich so bestimmte Leute zu Moralaposteln erheben wollen. Es ist und bleibt ein Mißgriff, wenn ein Mensch sich über den anderen überhebt. Und genau das hat Zofar bei Hiob getan. Die wahre Grundlage moralischer Belehrung aber liegt viel tiefer als der Intellekt. Sie liegt in Gott. Und Gott belehrt uns durch das, was die christlichen Sakramente symbolisieren. Darin wird uns die Gegenwart Gottes durch die gewöhnliche Materie hindurch vermittelt. Gott gebraucht Kinder und Bücher und Blumen zur geistlichen Belehrung eines Menschen, aber nur selten einen überheblichen, dünkelhaften Tugendhelden, der ganz bewußt moralische Belehrungen austeilt. Dieser „Zofar-Typ" ist in allen Jahrhunderten unseres christlichen Zeitalters aufgetaucht: der Typ, der Gott genaustens zu kennen glaubt und auf alles eine fromme Antwort weiß. Und häufig sagt dann der Durchschnittsbürger: „Wenn selbst Experten in geistlichen Dingen sich in diesem Fall nicht auskennen, wer bin ich, daß ich es könnte?" Es gibt aber keine sogenannten „Experten auf geistlichem Gebiet", ebensowenig wie es „Experten auf wissenschaftlichem Gebiet" gibt. Der „geistliche Experte" ist demütig und bescheiden, weil er weiß, daß geistliche Belehrung im Unbewußten ansetzt. Geistliches Leben verlangt Gehorsam, so wie Kinder, die gehorsam sind. Gottes Kinder sind keine Prahler und Angeber. Sie gehorchen Gottes Wort. Unser Herr beschreibt in Matthäus 18,4 die „geistlichen Experten", wenn er sagt: „Wer nun sich selbst erniedrigt und wie dies Kind wird, der ist der Größte im Himmelreich."

Selbstgefällige Unbescholtenheit (11,16-20)

„Dann würdest du alle Mühsal vergessen und so wenig daran denken wie an Wasser, das verrinnt, und dein Leben würde aufgehen wie der Mittag, und das Finstere würde ein lichter Morgen werden." (V. 16-17)

Zofar ist der Mann und Demagoge, der die Menschen mit der Zunge regiert. Jede Art von Glaubensbekenntnis mit Absolutheitsanspruch endet da, wo Zofar endet: auf der sentimentalen Linie, wo man geneigt ist, die Dinge enthusiastisch darzustellen, nicht aber real und nüchtern. Dieser Enthusiasmus blendet die Vernunft des Menschen durch Ekstase. Es ist eine Art überschwenglicher Begeisterung, die einem Redner menschliche Gefühle und Sympathien einbringen. Bei Kummer und Leid erweist sie sich aber als falsche Linie. Dann gibt sie einem Menschen, dessen Herz gebrochen ist, völlig unangebrachte, belehrende Ratschläge. Zofar tut so, als kenne er genau die Art von Redlichkeit, die vor Gott und den Menschen Geltung hat.

Die hochmütige Entrüstung heutzutage liegt nicht auf dieser „Zofar-Linie", sondern bewegt sich sozusagen auf der Gegenfahrbahn. Sie ist antireligiös. Vor dem Krieg gaben nicht religiöse, sondern eher atheistische oder gottlose Inhalte den Ton an. Die Menschen täuschten vor, unreligiös zu sein, während sie insgeheim doch religiös waren.

Wenn man ein religiöser Mensch von der Art des Zofar ist, der, wie er, schnell in fromme Entrüstung ausbrechen kann, dann kommt man auch unweigerlich zu dem Schluß, daß man nie einen Fehler machen und Gott immer auf seiner Seite haben wird. Und dann fängt man an, die anderen so zu belehren, wie Zofar es tat. Damit aber rückt man die Dinge in ein völlig falsches Licht.

Auf der Spur

Hiob 12-14

Wahre Frömmigkeit setzt allein auf Gott.
Donald Hankey

Vorwurf hartnäckiger Intoleranz (12,1-5)

„Dann antwortete Hiob und sprach: Ja, ihr seid die Leute, mit euch wird die Weisheit sterben! Ich habe ebenso Verstand wie ihr und bin nicht geringer als ihr; wer wüßte das nicht?" (V. 1-3)

Hiob sagt dies etwas ärgerlich. Er protestiert gegen die Intoleranz seiner Freunde, die ihm den Verstand absprechen. Wenn wir mit jemandem reden, dem es um Grundwahrheiten geht, scheint es auch uns oft so, als ginge er auf keine unserer Erklärungen ein. Seine Tiefgründigkeit liegt jenseits unserer Vorstellungskraft. Also werfen wir ihm Mangel an gesundem Menschenverstand vor und kehren zurück zu unseren seichten Gewässern. Die Freunde warfen Hiob vor, er sähe das nicht, was doch so offensichtlich wäre. Er entgegnete: „Ich sehe Dinge, an die ihr nicht einmal im Traum denkt. Warum begebt ihr euch nicht mit in diese Tiefen? Warum haltet ihr nicht lieber den Mund, wenn ihr mir doch nicht sagen könnt, was ich tun soll?" Eine religiöse Sicht, die die Tiefe nicht zuläßt, ist zur Fruchtlosigkeit verurteilt.

Unwiderlegbarer Schluß der Vernunft (12,6-25)

„Wer erkennt nicht an dem allen, daß des Herrn Hand das gemacht hat, daß in seiner Hand ist die Seele von allem, was lebt, und der Lebensodem aller Menschen?" (V. 9-10)

Hiob will an dieser Stelle aufzeigen, daß das religiöse Konzept seiner Freunde falsch ist. Er läßt hier den gesunden Menschenverstand urteilen. Es geht um Dinge, die klar seinem früheren Glauben widersprechen, daß der „Segen Abrahams" allein in Wohlstand und Wohlergehen sichtbar werde. Hiob mußte das einmal klarstellen, weil die Freunde ihn dazu herausforderten. Neigen wir auch dazu, eher unserer religiösen Überzeugung treu zu sein? Oder trauen wir dem lebendigen Gott, der darübersteht? Vertrauen wir dem Glaubensbekenntnis unserer Denomination oder dem lebendigen Gott, der dieser Denomination die Inspiration zu ihrer Gründung gab? Sind wir auf dem Weg, bloße Eiferer für eine theologische Aussage zu werden? In der Kirchengeschichte Schottlands ist manch einer eher den Märtyrertod gestorben, als seine Theologie aufzugeben. Die Kirchen sind auch heutzutage noch mit diesen Dingen konfrontiert.

„Theologie wird durch Logik und Geschichte erprobt, Frömmigkeit durch die Erfahrung."

Hiobs Glaubensbekenntnis ist in die Brüche gegangen. „Deshalb", verteidigt er sich, „gebe ich diese Art von Wohlstandsglauben auf. Ich bestreite aber energisch, damit auch den lebendigen Gott aufgegeben zu haben!" In einem theologischen Gespräch ist der Theologe geneigt, seine Überzeugung an die Stelle Gottes zu setzen. „Ist aber jemand unter euch, der Lust hat, darüber zu streiten, so soll er wissen, daß wir diese Sitte nicht haben", mahnt Paulus. Höchstens einer unter tausend kann sein geistliches Leben rechtfertigen und widersprechen. Er mag seinen Intellekt damit steigern, bekommt aber geistlich die Dinge nicht besser in den Griff. Dr. Alexander Whyte begriff dies besser als jeder andere, indem er sagte:

„Oh, dieser schreckliche Widerspruchsgeist! Diese abscheuliche Leidenschaft im stolzen Menschenherzen, ewig zu korrigieren und zu widersprechen und sich dabei zu Furien zu entwickeln! Verabscheut die Kontroverse, meine Brüder, ebenso wie ihr den Eintritt in die Hölle verabscheut! Laßt sie ihren Weg gehen. Laßt sie reden. Laßt sie schreiben. Laßt sie euch korrigieren. Laßt sie euch verleumden. Laßt sie euch richten und verdammen. Laßt sie euch schlagen. Laßt lieber die Wahrheit Gottes leiden als die Liebe. Ihr habt nicht genug von der göttlichen Natur in euch, um widersprechen zu können. ‚Als er gemartert ward, litt er doch willig und tat seinen Mund nicht auf wie ein Lamm, das zur Schlachtbank geführt wird; und wie ein Schaf, das verstummt vor seinem Scherer, tat er seinen Mund nicht auf.' Doch wer von uns schimpft nicht zurück, wenn er ausgeschimpft wird? Wer verleumdet nicht, wenn er verleumdet wird? Als Jesus litt, schlug er nicht um sich. Durch Jesu Wunden sind wir geheilt. Auch Augustinus betete immer wieder: ‚Heile mich, Herr, von der Lust, mich immerfort selbst zu rechtfertigen!'"

Wir gehen insgeheim davon aus, Gott sei ein allmächtiges Stück von uns selbst. Aber Gott kann niemals auf der Seite eines Einzelnen sein. Die Frage ist doch die: „Bin ich auf der Seite Gottes?" In 2. Thessalonicher 2 spricht Paulus über die unüberwindliche Ignoranz des Fanatismus. Er meint, wenn ein Mensch dem Irrtum verfällt, sei er zu tadeln. Und Hiob sagt hier: „Ich behaupte nicht, daß meine früheren Aussagen über Gott nicht stimmen. Gott ist die Wahrheit, aber ich habe das damals falsch ausgelegt." Und genau dies bringt Hiob auf die rechte Fährte, auf der er Gott finden kann. Sind wir Gott auf der Spur? Oder sind wir dermaßen intolerant, daß wir hartnäckig nur unsere eigenen Argumente anstelle der Wahrheit vertreten? Hilft unsere Frömmigkeit uns, die Offenbarungen Gottes zu verstehen? Oder geht es ihr nur um blinde Autorität? Es ist eine gute Sache, sich über die Dinge klar zu werden, die der gesunde Menschenverstand schlußfolgert und die der Glaube nicht erklären kann.

Unüberwindliche Ignoranz (13,1-12)

„Was ihr wißt, das weiß ich auch." (V. 2)

Dieser Vers beschreibt Fanatismus, der nur auf einen Punkt ausgerichtet ist und alles andere entschieden ablehnt. Und dagegen geht Hiob die ganze Zeit an: „Gott muß anders sein, als ihr behauptet, weil ich das erfahren habe." Und Hiob hat recht. Es ist möglich, ein logisches Gebäude über einer theologischen Position zu errichten, aber im praktischen Leben zu beweisen, daß die Position falsch ist. Zum Beispiel scheint, metaphysisch betrachtet, die Prädestination einleuchtend zu sein. Doch unser Konzept der Prädestination kann sich als gefährlich falsch erweisen, wenn wir unsere wirklichen Lebensumstände betrachten.

Unsere theologische Plattform sollten wir ständig überprüfen. Wenn wir sie an die Stelle Gottes setzen, werden wir unvermeidlich ignorant. Das heißt, wir lassen gar keinen anderen Gesichtspunkt mehr gelten. Die hartnäckige Ignoranz des Fanatikers führt unweigerlich zum Irrtum, für den er dann allein verantwortlich ist. Die fundamentalen Dinge des Lebens sind im praktischen Leben nicht logisch beweisbar. Man prüfe sich selbst genau, ob man dazu neigt, hartnäckig intolerant zu sein. Dann entdeckt man bald, wieso dieser hartnäckige Standpunkt die Ursache ist, daß wir in der wichtigsten Sache blind sind. Ein falsches Gottesbild hat schon viele Menschen in kritischen Lebenssituationen versagen lassen. Dieses irrige Gottesbild hält sie davon ab, so zu werden, wie Gott sie eigentlich haben will. Aber nur, wenn sie dieses Bild revidieren, können sie den rechten Weg und die rechte Fährte finden.

Das intuitive Vertrauen in Gottes Rechtschaffenheit (13,13-28)

„Schweigt still und laßt mich reden; es komme über mich, was da will. Was soll ich mein Fleisch mit meinen Zähnen festhalten und mein Leben aufs Spiel setzen? Siehe, er wird mich doch umbringen! Aber, *obwohl er mich schlägt, will ich ihm vertrauen.*" (V. 13-15)

Hiob spürt, daß trotz allem, was geschieht, Gott wahr und rechtschaffen bleibt – und er ebenfalls. Er kann sich sein Leiden nicht damit erklären, indem er sagt: „Ich werde gestraft, weil ich Unrecht getan habe." Oder: „Ich leide, weil ich dadurch vollkommener werden soll." Die Freunde warfen Hiob Heuchelei vor. Außerdem unterstellten sie ihm, er sei auch Atheist. Doch genau in diesem Moment macht Hiob die herrlichste Aussage eines Gläubigen im ganzen Alten Testament: „Obwohl er mich schlägt, will ich ihm vertrauen." Das heißt: „Obwohl er, den ihr falsch darstellt, und den ich mit Worten nicht beschreiben kann, obwohl er mich schlägt, will ich fest an seine Rechtschaffenheit glauben. So will ich auf ihn warten. Ich will die Rechtschaffenheit meines gesunden Menschenverstandes neben mein instinktives Gespür für Gottes Rechtschaffenheit setzen und bin sicher: Am Ende wird beides zusammenwirken."

Bleiben wir also immer treu bei den Tatsachen und der intuitiven Gewißheit, daß Gott gerecht ist. Wir brauchen ihn nicht vorschnell zu rechtfertigen. Nur ein Jongleur könnte versuchen, Gott dafür zur Rechenschaft zu ziehen, daß er Sünde und Krieg zuläßt. Sünde und Krieg sind absolut unentschuldbar! Trotzdem spürt der Christ intuitiv: „Ich weiß, daß Gott sich am Ende selbst rechtfertigen wird." Bis dahin können wir nur durch das Risiko des Glaubens das rechtfertigen, was logisch nicht zu beweisen ist.

Erkenntnis eigener Schwachheit (14,1-22)

„Ach, daß du mich im Totenreich verwahren und verbergen wolltest, bis dein Zorn sich legt, und mir ein Ziel setzen und dann an mich denken wolltest! Meinst du, ein toter Mensch wird wieder leben? Alle Tage meines Dienstes wollte ich harren, bis meine Ablösung kommt." (V. 13.14)

Hiob entdeckt, daß die grundlegenden Dinge des Lebens nicht logisch, sondern tragisch sind. „Ich kenne meine Schwachheit, und es gibt Fakten in meinem Leben und in der menschlichen Geschichte, die ich nicht erklären kann. Obgleich ich mir meiner Schwachheit bewußt bin, weiß ich, daß Gott mich trotzdem sieht und herausführen wird. Bis dahin werde ich mich weigern, ein Glaubensbekenntnis anzuerkennen, das Gott falsch darstellt — und mich ebenfalls." Wenn man so weit ist, befindet man sich auf der rechten Fährte.

Hiobs Rechtschaffenheit bleibt ebenso bestehen wie das Bewußtsein seiner Schwachheit, ebenso auch sein Gefühl, nicht die Gesamtschuld seiner Sündhaftigkeit zu tragen. Niemanden wird Gott wegen der Erbsünde verantwortlich machen. Gott lastet es einem Menschen höchstens an, wenn er sich weigert, Jesus Christus als seinen Heiland und Eretter anzunehmen (vergl. Joh. 3,19).

Im Urteil der damaligen Theologie erschienen Hiobs Aussagen weit vom rechten Standpunkt entfernt. Und doch waren sie in Wahrheit voller Ehrfurcht. Hiob suchte in allen Aussagen über Gott nach Hinweisen, die Gott rechtfertigen, daß er die Schwachheit des Menschen zuläßt. „Eure Beschreibungen von Gott sind nicht nur falsch vor den Menschen, sie sind auch eine Lästerung vor Gott." Hiob war der Meinung, daß das Leben, rein menschlich gesehen, ein unbefriedigendes Ende nehmen würde. „Gerade, als ich die Dinge begriff und all meine Wünsche in Erfüllung gehen sah, wurde mir der Lebensfaden abgeschnitten." Heutzutage geht es unzähligen Menschen so. Als das Leben den Höhepunkt erreichte und am schönsten war, wurden sie „hinweggerissen".

Wir gewinnen aus den Versen 13 bis 22 einen Eindruck von der Bedeutung Hiobs. Das ist so, wie wenn man heutzutage von einem Menschen sagt: „Nun, er ist jetzt tot. Und obwohl er den Standard unserer orthodoxen Religion noch nicht erreicht hat, wollen wir ihn doch den Händen eines gnädigen Gottes überlassen." Das sei bloß ein Vorwand, sagt Hiob und nennt die Tatsachen beim Namen. Er bleibt strikt dabei, daß er erlebt, wie Gott für das, was er zuließ, gerechtfertigt werden wird. Man sollte niemals ein vorläufiges Urteil als endgültig ansehen, sondern nach anderen Möglichkeiten suchen, um neues Licht in die Angelegenheit zu bringen. Viele Fragen, die sich aus der intuitiven Rechtschaffenheit eines Menschen ergeben, bleiben unbeantwortet. Keine theologische Aussage kann darauf eine Antwort geben. Und wir sollten sehr darauf achten, daß wir nicht eine Aussage, die uns von unserem Gespür her als Unwahrheit erscheint, einfach für wahr halten und akzeptieren. Wir haben unseren Wegbereiter in Jesus Christus. Und wir sollten niemals eine Beschreibung über Gott annehmen, die der Aussage Jesu widerspricht, als er von sich sagte: „Ich bin der Weg, die Wahrheit und das Leben!"

Lebensnotwendig ist es, auf die Fährte der lebendigen Gottesbeziehung zu kommen! Danach sollten wir die Tatsachen der Erfahrung und Offenbarung zu einer Überlegung reifen lassen, die auch unsere Natur zufriedenstellt. Und solange sie es nicht ist, behaupte man nicht das Gegenteil. „Ich bleibe dabei, daß Gott ein Gott der Liebe und Gerechtigkeit ist, und ich werde warten, bis das offenbar wird." Wir sollten nicht einfach sagen: „Ich überlasse alles Gott." Gott wird uns sein Tun verständlich machen, doch das dauert seine Zeit, weil wir so langsam gehorchen lernen. Aber nur, wenn wir gehorchen, können wir moralisch und geistlich verstehen.

Aufgeblasenheit

Hiob 15

Wer wollte mit einer Pille ein Erdbeben kurieren?
G. K. Chesterton

Nichts ist lächerlicher als die Art und Weise, mit der manche Leute versuchen, das Leid im Leben anderer herunterzuspielen, um ihren Kummer zu besänftigen. Elifas meint zu wissen, daß Hiobs Probleme nicht so schlimm sind, wie dieser es schildert. Er versucht, auf plumpe Art Hiobs Opposition niederzudrücken. Das heißt, er sagt mit gewichtigen Worten im Grunde gar nichts. Man hört ihn förmlich empört nach Luft schnappen, als er fragt: „Was weißt du schon, das wir nicht wissen?" (V. 5-13). Dann offenbart der auf sein Glaubensbekenntnis pochende Gläubige unfreiwillig seinen Egoismus, als er diktatorisch behauptet, Gottes Wesen genau zu kennen (V. 14-16). Nun sitzt er auf dem Ast massiver Tradition, putzt sich seine zerzausten Federn und krächzt unaufhörlich Platitüden. Man kann Elifas den Irrtum schlecht nachweisen. Er ist fest von dem überzeugt, was er glaubt. Aber er kennt Gott überhaupt nicht. Elifas repräsentiert die Art von Humbug, die vom starren Beharren auf der eigenen Überzeugung herrührt, statt auf Tatsachen, über die man reden könnte. Der Unterschied zwischen einem starrköpfigen und einem vernünftigen Mann liegt aber genau dort: Ein Starrköpfiger weigert sich, in einer Diskussion seinen Verstand zu gebrauchen, während ein Vernünftiger erst seinen Standpunkt einnimmt, wenn er ihn von allen Seiten beleuchtet hat. Wenn er dann einen anderen Standpunkt vertritt, erklärt er bereitwillig, warum er das tut.

Waffen des weltlich Gesinnten (15,1-6)

„Da antwortete Elifas von Teman und sprach: Soll ein weiser Mann so aufgeblasene Worte reden und seinen Bauch so blähen mit leeren Reden? Du verantwortest dich mit Worten, die nichts taugen, und dein Reden ist nichts nütze." (V. 1-3)

Elifas hält Hiob Aufgeblasenheit vor, offenbart sie aber selbst.

Die Waffen eines solchen Menschen sind Sarkasmus. Es besteht ein Unterschied zwischen Sarkasmus und Ironie (vergl. Hiob 12,1-3). Sarkasmus ist die Waffe des Schwächlings. Das Wort bedeutet wörtlich, „einem das Fleisch von den Knochen ziehen". Sowohl Jesaja als auch Paulus sind zwar ab und zu ironisch, aber sarkastisch sind sie nie. Wenn ein Schwächling vor Tatsachen steht, die er nicht verstehen kann, greift er unweigerlich zum Sarkasmus als Waffe.

Elifas redet zwar von einer Art „Strohmann", aber die ganze Zeit über erweckt er den Eindruck, als spräche er von Hiob. Zuerst versucht er es mit Schelten. „Alles, was du über dein angeblich so großes Leid klagst, ist viel Lärm um nichts." Schelten ist typisch für einen Menschen, der in die Enge getrieben wurde und keinen anderen Ausweg als das Schelten sieht. Deshalb verschanzt er sich hinter seinem eigenen Standpunkt. Niemand urteilt oftmals so hart wie ein Theologe. Und kein Streit ist so bitter, wie der Streit um theologische Fragen. Wenn man Gott auf eine Formel bringen könnte – und Elifas und Genossen versuchen das – dann würde sie einfach lauten: „Was ich sage, sagt Gott." Und genau das ist die Essenz religiöser Tyrannei. „Was sie reden, das muß vom Himmel herab geredet sein." Bis zum Krieg bestand Gott bei den meisten auch nur aus einem bestimmten Glaubensbekenntnis. Doch nun sind so manch einem die „religiösen Felle weggeschwommen", und er meint, seinen Glauben an Gott verloren zu haben. Tatsächlich hat er jedoch nur eine ganz bestimmte Ansicht über Gott verloren und ist auf dem besten Weg, Gott zu finden. Wir sollten nie erschrecken, wenn unsere Erfahrungen das in Frage stellen, was wir bisher über Gott gehört haben. Statt dessen sollten wir bereitwillig das Gelernte überprüfen und kein theologisches Konzept für unfehlbar halten. Konzepte sind immer nur ein Versuch, die Dinge beim Namen zu nennen.

Das Gewicht der Tradition (15,7-13)

„Bist du als der erste Mensch geboren? Kamst du vor den Hügeln zur Welt? Hast du im himmlischen Rat Gottes zugehört und die Weisheit an dich gerissen? Was weißt du, das wir nicht wissen? Was verstehst du, das uns nicht bekannt ist?" (V. 7-9)

Wenn erst einmal der Vorschlaghammer der Tradition auf uns lastet, gibt es nichts mehr zu antworten. „Es sind Ergraute und Alte unter uns, die länger gelebt haben als dein Vater." Elifas fragt Hiob: „Bildest du dir ein, du hättest ein neues Problem, das es vorher noch nicht gegeben hat?" Die Pharisäer wandten diese Methode ebenfalls bei Jesus an. Er sagte von sich, er sei des Gesetzes und der Propheten Erfüllung. „Ihr habt gehört, daß zu den Alten gesagt worden ist ... ich aber sage euch ..." Die Pharisäer antworteten: „Wir haben die ganze Geschichte, die Überlieferung und die ganze Tradition auf unserer Seite. Infolgedessen ist Gott in seiner Art mit uns, nicht mit dir. Du bist von Dämonen besessen und ein Sünder." Und sie ließen ihn hinrichten. Das ist traditionsbestimmtes Verhalten von seiner schlechtesten Seite.

Diese „Elifas-Methode" hat mehr Seelen gehindert, ein Leben mit Gott zu führen als alles andere, weil nur wenige bereit sind zu sagen: „Ja, ich erlebe neue Problemstellungen, die auf traditionelle Weise nicht zu lösen sind. Wenn erst einmal die ganze wohlbekannte Überlieferung zum Tragen kommt, kann sie zartes aufkeimendes Leben wieder zerstören. Falls Tradition aber überhaupt zum Tragen kommen sollte, müßte sie Menschen dazu bewegen können, taktvoll mit aktuellen Problemen umzugehen. „Niemand achte dich gering wegen deiner Jugend." „Spiele dich nicht so auf mit Dogmatik und großen Worten, sondern lebe so, daß du ein Vorbild für die Gläubigen bist." Kein wirklich großer und weiser Mann hat es nötig zu sagen: „Vergiß nicht, wie alt ich bin."

Glaube, der von Überlieferungen geprägt ist, hat zwar oft die richtigen Wurzeln, aber die Form ist meist veraltet. Das religiöse Leben steht und fällt mit dem Glaubensbekenntnis. Man übernimmt, was gelehrt wird, ohne es zu hinterfragen. Hört man dann etwas anderes, wird man kritisch und stellt fest: Wie gut diese Glaubensaussagen auch sein mögen, auf uns treffen sie nicht zu, weil wir sie nicht mit Leiden erkauft haben. Hiobs Leiden und Erfahrungen zwangen ihn, seinen bisherigen Glauben neu zu formulieren. Es ist absurd, von einem Menschen zu verlangen, er müsse unbedingt dieses oder jenes glauben. Auf Anhieb kann er das gar nicht. Traditionelle Verhaltensweisen verhindern jeden Versuch, neue Wege zu gehen, und damit neue Erfahrungen zu sammeln, weil sie auf Nummer sicher gehen. Errettung muß als Werk Gottes erkannt werden, nicht als Werk des Menschen. Ein Mensch kann sich nicht selbst erretten. Im Augenblick scheint das Wort „Errettung" überhaupt nicht zum Vokabular eines Christen zu gehören, selbst wenn er es schon lange ist. Wenn man einem traditionellen Gläubigen damit kommt, legt er meist erschrocken die Hand auf den Mund und vergißt, daß hinter diesem kaum benutzten Begriff die Möglichkeit steckt, traditionelle Wahrheiten neu auf ihren Ursprung hin zu durchleuchten. Wenn Elifas weise gewesen wäre, hätte er ehrlich und demütig feststellen müssen: „Hiob macht etwas durch, das ich nicht kenne. Ich verstehe seine Probleme nicht, möchte ihn aber mit Achtung behandeln." Statt dessen sagt er: „Nach meiner Glaubensauffassung bist du ein Heuchler, Hiob."

Die Wege der theologischen Methode (15,14-16)

„Siehe, seinen Heiligen traut Gott nicht, und selbst die Himmel sind nicht rein vor ihm. Wieviel weniger der Mensch, der greulich und verderbt ist, der Unrecht säuft wie Wasser!" (V. 15-16)

Die Theologie ist die Wissenschaft von der Religion. Sie ist der intellektuelle Versuch, alles, was von Gott bekannt ist, systematisch einzuordnen. Nehmen wir zum Beispiel die Lehre von der Dreieinigkeit (ein eindrucksvoller Versuch des menschlichen Geistes, die in der Bibel geoffenbarte Gottheit auf eine theologische Formel zu bringen) und behaupten: „So ist Gott". Dann wäre praktisch jeder andere Versuch, eine Aussage über die Dreieinigkeit zu machen, zum Scheitern verurteilt. Und die Theologie wäre an die Stelle Gottes getreten. Darauf hätte ich nur eine Antwort: „Das ist Gotteslästerung." Die Theologie gehört an die zweite Stelle, nicht an die erste. Diese gebührt allein dem souverän handelnden, lebendigen Gott! Theologie sollte immer Dienerin der Glaubensbeziehung sein. Selbst die gewichtigen Lehren von der Prädestination und der Auserwählung sind zweitrangig, sind nur Erklärungsversuche. Stellen wir uns einseitig hinter solche Erklärungen, dann verdammen wir, ohne zu zögern, die der anderen. Gibt es solche theologischen Formeln bei uns, die den Platz des souverän handelnden, lebendigen Gottes eingenommen haben und an die ich glaube? Es könnte ja sein, daß in unserem Leben persönliche Erfahrungen und theologische Aussagen auseinanderfallen. Dann müßten wir es entweder zugeben oder hartnäckig die alte Fährte weiterverfolgen und die Unwahrheit behaupten. Hiob war schon auf der richtigen Fährte.

Worte eines Schwarzmalers (15,17-35)

„Ich will dir's zeigen, höre mir zu, und ich will dir erzählen, was ich gesehen habe." (V. 17)

Elifas leert die ganze Schale seines Zorns über Hiob aus. Er nimmt Geschehnisse aus Hiobs Leben, malt sie schwarz aus und hält sie irgendeinem „Strohmann" vor Augen. Nachdem er diesem „Strohmann" die schrecklichsten Dinge vorausgesagt hat, wirft er Hiob an den Kopf: „Du bist dieser Mann!" Sollte nämlich Hiob am Ende doch recht haben, so hätte er, Elifas, ja unrecht. Also kommt er lieber zu dem Schluß, Hiob sei ein Heuchler, und zwar einer von der schlimmsten Sorte. Denn was das Glaubensbekenntnis von allen gottlosen Leuten ausgesagt hat, das ist über Hiob gekommen. In dieser Erkenntnis gipfelt Elifas Tirade.

Es ist das Ergebnis fragwürdiger evangelistischer Taktiken, wenn man die Leute wider besseres Wissen glauben machen will, sie seien etwas, das sie nicht sind. Dagegen besagt das Neue Testament ganz klar, wenn ein Mensch den Heiligen Geist besitzt, wird das an den Früchten sichtbar. „An ihren Früchten sollt ihr sie erkennen." Es gibt unzählige Menschen, die plötzlich die Fragwürdigkeit solcher Überredungskünstler erkennen, die ihnen einreden wollen, sie seien etwas, das sie in Wirklichkeit nicht sind, und die sich nach der Wahrheit sehnen.

Für Gott kann die Erfahrung nicht der Maßstab sein; denn Maßstab ist allein das, was Jesus Christus uns über Gott offenbart hat. Widerspricht nun eine Lehre dem, was Jesus Christus uns lehrt, haben wir die Freiheit zu sagen: „Nein, das glaube ich nicht." Es sind nämlich Dinge über Gott gelehrt worden, die im Lichte dessen, was Jesus Christus lehrt, geradezu diabolisch erscheinen. Wir wollen treu zu dem stehen, was wir von Jesus gelernt haben. Wenn wir uns dann gezwungen sehen, ein Glaubensbekenntnis zu ändern, sollten wir es mutig zugeben. Das war Hiobs durchgängiges Verhalten. „Euer Glaubensbekenntnis bringt ein verzerrtes Gottesbild. Ich weiß aber, daß er sich am Ende als derjenige erweisen wird, dem ich immer vertraut habe: als Gott der Liebe und Gerechtigkeit, der absolut ehrenwert ist."

An der Grenze der Verzweiflung

Hiob 16-17

Dann, als ermüdet ich, erschöpft, ermattet,
und keinen Weg mehr sah, der Qual zu entfliehn,
als die Fluten der Verzweiflung einer ganzen Welt
durchströmten mein geplagtes Herz,
da lief ich geradewegs in deine Gegenwart
und schämte mich der Tränen nicht zu deinen Füßen.
Ich zeigte dir mein armes, wundes Herz und bat dich, es zu
heilen.
Ich goß dir alles Bitt're hin und flehte um das Süße.
F. W. H. Myers

Bis hierher erlebten wir Hiob als einen gesunden Pessimisten. Nun finden wir ihn an der Grenze der Verzweiflung. Und ein Mensch kann aus hundert verschiedenen Gründen so weit getrieben werden. Ist er erst an diesem Punkt angekommen, erblickt er keinen Hoffnungsschimmer mehr am Horizont. Sonst mag es noch immer einen Funken Hoffnung geben, aber in der Verzweiflung ist alles schwarz. Es ist die hoffnungsloseste Grenze, an die ein Mensch geraten kann, ohne im eigentlichen Sinn wahnsinnig zu sein. Ein wahnsinniger Mensch ist nie verzweifelt. Er ist entweder enorm melancholisch oder himmelhoch jauchzend. Verzweiflung schließt völlige Hoffnungslosigkeit ein, die den Geist eines gesunden Menschen ergreift, wenn er das Extremste an Schmerz und Kummer erlebt.

Protest gegen Posen

„Hiob antwortete und sprach: Ich habe das schon oft gehört. Ihr seid allzumal leidige Tröster!" (V. 1-2)

Hiob geht gegen diese Pose an, die Elifas angenommen hat. Es ist die Haltung des Überlegenen. Elifas hatte Hiob gescholten und gesagt, er müsse leiden, weil er gottlos sei und ein Heuchler dazu. Hiob stellt fest, daß Elifas sich gar nicht bemüht, sein Problem zu verstehen, und er protestiert gegen diese Falschheit. Es ist schwierig, sich der frommen Pose zu entziehen, hinter der oft unbewußt selbstgefälliger Dünkel steckt. Wenn man meint, verpflichtet zu sein, andere Leute zu gewinnen, begibt man sich sofort auf eine erhöhte Plattform und benimmt sich entsprechend. Und so entstehen heutzutage leider oft Posen von ernsthaft frommen Menschen. Von allen Leuten, denen man begegnet, ist es darum am schwierigsten, einem Prediger „ins Gewissen zu reden". Man kann eher einen Arzt oder einen Beamten korrigieren, als einen „von Berufs wegen" Frommen.

Die religiöse Pose basiert nicht auf der persönlichen Beziehung zu dem lebendigen Gott, sondern auf der stolzen Zugehörigkeit zu einem Glaubensbekenntnis. Sobald man aber fälschlicherweise den lebendigen Gott durch irgendein Glaubensbekenntnis ersetzt, oder gar Jesus Christus nur als eine religiöse Gestalt unter vielen betrachtet, dann spielt man sich in einer Sache als Fachmann auf, von der man absolut nichts versteht. Wenn jemand sehr leidet, schmerzt nichts noch zusätzlicher als solch ein Dünkel. Schließlich protestiert niemand ohne Grund, und dieser Grund muß nicht unbedingt falsch sein; denn Protest gehört auch in den Bereich moralischer Ordnung. Wenn wir einer Fälschung gegenüberstehen, befindet sich das Original bestimmt anderswo. Hiob protestiert gegen die fromme Pose eines Menschen, der sein Leid auch nicht annähernd versteht.

Kurze Zusammenfassung der Leiden (16,6-22)

Hiobs Rechtschaffenheit und sein Mut treten klar zutage. Er kann doch nicht behaupten, schuldig zu sein, obwohl er sich dessen nicht bewußt ist. So bleibt er dabei: „Ich leide nicht, weil ich eine Sünde begangen habe. Zwar weiß ich nicht, warum ich so leiden muß, aber eines weiß ich: an mir liegt es nicht." Die Mehrzahl von uns hätte vielleicht klein beigegeben und gemurmelt: „Ja, ja, ich bin wahrscheinlich schlimmer als ich gedacht habe." Was bei Hiob wie ein Protest gegen Gott aussieht, ist überhaupt nicht gegen Gott gerichtet, sondern gegen die falsche Darstellung der Person Gottes durch die Freunde.

a) Psychologie (V. 6-8)

„Aber wenn ich schon redete, so würde mich mein Schmerz nicht verschonen; hörte ich auf zu reden, so bliebe er dennoch bei mir." (V. 6-8)

Manchen Kummer kann man sich einfach „von der Seele reden". Hiob dagegen betont, daß Worte ihm auch keine Erleichterung verschaffen würden. Keiner seiner Freunde leidet mit ihm, keiner weint mit ihm. Statt dessen glauben sie, er sei einsam und verlassen, weil Gott ihn verlassen habe. Rein psychologisch gesehen scheinen Hiobs schlimme Erfahrungen ihr Urteil zu bestätigen. Und doch weiß Hiob, daß dieses Urteil falsch ist.

b) Schicksal (V. 9-15).

„Gott hat mich übergeben dem Ungerechten und hat mich in die Hände der Gottlosen kommen lassen. Ich bat um Frieden, aber er hat mich zunichte gemacht." (V. 11-12)

Diese Verse beschreiben aus der Sicht des Orientalen das „zugeteilte Los", das hinter Hiobs Leiden steht. Alles wendet sich gegen ihn. „Gott hat anscheinend jede Art von Tod gegen mich in Gang gesetzt. Die inneren und die äußeren Umstände sind sich gleich: Gott hat mich von vorn und von hinten umzingelt wie ein wildes Tier. Mein Schicksal scheint von Anfang bis Ende zu bestätigen, daß meine Leiden die Strafen für meine Sünden sind."

c) Pathos (V. 16-22).

„Ach Erde, bedecke mein Blut nicht, und mein Schreien finde keine Ruhestatt! ...Meine Freunde verspotten mich; unter Tränen blickt mein Auge zu Gott auf, daß er Recht verschaffe dem Mann bei Gott, dem Menschen vor seinem Freund. Denn nur wenige Jahre noch, und ich gehe den Weg, den ich nicht wiederkommen werde." (V. 18,20-22)

Dies ist nicht das Pathos eines Bettlers, der um Gnade bittet und um Anerkennung fleht. Hiob stellt seine Leiden nicht mit dem Pathos eines Menschen dar, der sich selbst für einen Helden hält. Er stellt nur fest, daß er nicht gesund ist, und daß er, soweit er das überblicken kann, auch vollkommen berechtigt pessimistisch ist.

In Kriegen sind ähnliche Probleme möglich, da der Ausgang für den Einzelnen völlig ungewiß ist. Wir sollten darum vorsichtig sein mit jeder frommen Pose, mit jeder evangelistischen Pose, mit jeder konfessionellen Pose oder anderen Posen, die unrealistisch sind angesichts solcher Leiden. Schließlich handelt es sich um Leiden, aus denen es kein Entrinnen gibt, und in denen kein Hoffnungsschimmer zu erblicken ist. Es bleibt uns einzig und allein die Möglichkeit, respektvoll vor dem zu stehen, das wir mit unserem Verstand nicht begreifen. Da kann nur Gott den Ausweg finden.

Menschliche Erklärungen und menschliche Diagnosen bringen lediglich das zustande, was wir an Hiobs Freunden sehen: sie verharmlosen das Problem und den Kummer.

Wiedererkennen der Prädestination (17,1-6)

Wenn wir von einem Menschen Verständnis erwarten und es nicht bekommen, protestieren wir zunächst und sind empört. Betrachten wir die Dinge dann etwas näher, entdecken wir vielleicht: der andere ist gar nicht dafür zu tadeln, daß er so schwer begreift. Eben diese Entdeckung verstärkte einerseits Hiobs Leiden, andererseits bewahrte sie ihn davor, die Freunde ganz zu verurteilen. Alles, was sich auf seinem Rücken abgespielt und seinen bisherigen Glauben erschüttert hat, sollte am Ende trotzdem den Schluß rechtfertigen, zu dem er gekommen war.

a) Der Beschränktheit ausgesetzt (V. 1-4)

„Denn du hast ihren Herzen den Verstand verborgen." (V. 4)

Wenn wir auf Verständnis bei Freunden hoffen und es nicht finden, werfen wir ihnen vor, schwer von Begriff zu sein. Im Schmerz klagt der Leidende, niemand auf der Welt würde ihn verstehen. Das ist manchmal nur eine Pose, doch Hiob erkennt, daß das Unverständnis seiner Freunde keine Lüge ist, sondern mit der Lehre von der Prädestination zusammenhängt. Es gibt bestimmte Leiden, Gefühle und Sorgen, die kein anderer versteht, und die den Betroffenen am Ende einsam werden lassen. Nicht das Leiden ist dann am schlimmsten, sondern die Isolation, die darin besteht, daß niemand recht mitfühlen kann. Nur Gott allein kann dem Leidenden in solch einer Situation nahe kommen.

Die Leiden Hiobs gehen auf die Tatsache zurück, daß Gott und der Satan ein Schlachtfeld aus seinem Herzen gemacht haben. Und Hiob beginnt zu begreifen, daß Gott selbst ihm das Verständnis der Freunde verschlossen hat. Satan behauptete, Hiob liebe Gott nicht um *seiner* selbst willen, sondern nur wegen der vielen äußeren Segnungen. Nun aber ist Hiob jedes Dach über dem Kopf, jede Freundschaft und jedes Mitgefühl der Umwelt genommen, und er begreift, daß Gott das zugelassen hat. Das trifft ihn im Augenblick des Erkennens am härtesten. Trotzdem hält er daran fest, daß Gott anbetungswürdig ist. „Ich habe meine Familie, meinen Besitz, meine Freunde und den Halt durch meinen bisherigen Glauben verloren — alles, was ein Mensch zum glücklichen Leben erstrebenswert findet. Trotzdem: obwohl er mich schlägt, will ich ihm vertrauen." Das ist äußerste Verzweiflung, gepaart mit einem außergewöhnlichen Vertrauen zu Gott, der manchmal wie ein Moloch anmutet.

b) Im diskreten Zurückziehen (V. 5-10)

„Darüber entsetzen sich die Gerechten, und die Unschuldigen entrüsten sich über den Heuchler ... Wohlan, kehrt euch alle wieder her und kommt; ich werde dennoch keinen Weisen unter euch finden." (V. 8.10)

Hiob erwähnt die Tatsache, daß seine Sorgen und Schwierigkeiten so sehr überhand genommen haben, daß die anderen ihren an sich guten Vorsatz zur Diskretion fallenlassen und ein Urteil über ihn fällen. Alles scheint sich gegen ihn zu kehren, nicht nur sein eigenes Bekenntnis, sondern auch die angeborene Klugheit. Nichts schmerzt einen Menschen, der sich unschuldig weiß, mehr, wie wenn seine Freunde ihn wegen falscher Verdächtigungen allein lassen. Sie ziehen sich diskret zurück. Ebenso wie im Fall des Unverständnisses sollte man aber den anderen dieses diskrete Zurückziehen nicht ankreiden. Das liegt einfach an der Begrenztheit menschlicher Weisheit. Menschliche Weisheit kann immer nur zu Rationalismus führen. Es geschehen jedoch viele Dinge, die der Verstand nicht erklären kann. Und menschliche Klugheit ist geneigt zu sagen, daß ein Mensch, der aus unerklärlichen Gründen leidet, selbst schuld ist. Wenn man dann darauf hinweist, daß die grundlegenden Dinge mit dem Verstand nicht zu begreifen sind, denken die anderen, es handele sich nur um eine vorübergehende Differenz. Die Bibel bezeugt, daß das Wesen der Dinge tragisch und unverständlich ist. Wenn ein Mensch elend am Boden liegt, ist das durchaus tragisch und nicht vernünftig. Dann ist er ganz allein mit Gott. Und wenn Gott ihm nicht aufhilft, bleibt ihm nur noch die Verzweiflung. Je tiefer und ernster und klarer ein Mensch nachdenkt, umso mehr entdeckt er die Wahrheit des salomonischen Wortes: „Wo viel Weisheit ist, da ist viel Grämen" (Prediger 1,18). Nicht Hiobs Temperament macht ihn zum Pessimisten, sondern sein klarer Verstand. Er weigert sich zu behaupten, sein Pessimismus sei eine bloße Stimmung. Optimismus ist eine Stimmung. Wenn Gott Hiob nicht hilft, hat Satan seine Wette gewonnen. Wenn Gott nicht irgendwo auf der Szene erscheint, ist Hiobs Lage aussichtslos. Dann hat Satan bewiesen, daß niemand Gott um seiner selbst willen liebt. Alles, worauf er als Mensch baute, ist ihm zerbrochen – und trotzdem verflucht Hiob Gott nicht. Er gibt nur zu, daß sein früherer Glauben irrig war, wenn er behauptete, Gottes Segen zeige sich nur in materiellen Dingen. Und Hiob bleibt fest bei seiner Behauptung: am Ende wird Gott gerechtfertigt werden.

c) In der Verzweiflung vor den anderen (V. 11-16)
Hiob kann seine Verzweiflung vor den anderen nicht verstecken. In allen Sprachen unter dem Himmel ist diese Reaktion auf das Unfaßbare zu verstehen. „Meine Tage sind vergangen; zerrissen sind meine Pläne, die mein Herz besessen haben!"

Ein bestimmter Typ religiöser Heuchelei bewirkt, daß die Menschen ihre Gefühle verbergen. Doch Hiob ist an dem Punkt angekommen, an dem er sie nicht mehr verbergen kann. „Ich kann nicht vorgeben, ich würde von Gott verwöhnt", sagt er. Wenn Hiob doch bloß den anderen vorgespielt hätte, er sei von Gott getröstet worden. Dann hätten seine Freunde ihn bestimmt in Ruhe gelassen. So aber gibt er ehrlich zu: „Ich finde keinen Trost. Ich kann Gott weder sehen noch mit ihm reden. Ich weiß nur, daß mein früheres Bekenntnis vom materiellen Segen des Frommen irrig war. Trotzdem bin ich mir ganz sicher: Gott wird sich als rechtschaffen, treu und wahr erweisen. Und bis dahin weigere ich mich, ihn mit einer Lüge zu rechtfertigen."

Dieses Verhalten eines rechten Gläubigen finden wir auch bei dem Psalmisten, wenn er betet: „Gott, schaffe mir Recht..., daß ich hineingehe zum Altar Gottes, zu dem Gott, der meine Freude und Wonne ist, und dir, Gott, auf der Harfe danke, mein Gott" (Psalm 43, 1.4). Das ist vollkommener Glaube, so wie ihn Jesus von Johannes, dem Täufer, erwartete, als er sagte: „Selig ist, wer sich nicht an mir ärgert." Halte ich ohne Wenn und Aber an meiner Meinung fest, daß Gott gerecht ist – auch wenn alles durch meine augenblicklichen Erfahrungen zu beweisen scheint, daß er grausam ist? Die meisten von uns sind zu ängstlich, die Dinge beim Namen zu nennen, so wie Hiob es tat. Wir sagen höchstens: „Gott ist grausam, weil ich durch all diese Dinge gehen muß. Ich weigere mich, weiter an ihn zu glauben." Hiob aber blieb dabei: Wenn alles ans Licht kommt, wird es nicht zu Gottes Unehre, sondern zu Gottes Ehre gereichen.

Im Krieg sind viele, wie Hiob, durch böse Erfahrungen gegangen und an dem Punkt angekommen, an dem ihr alter Glaube zerbrach. Und es wäre absurd, vorzugeben, ihr Glaube sei noch derselbe wie früher. Doch das bedeutet nicht unbedingt, daß solch ein Mensch seinen Glauben an Gott verloren hat, nur weil er seine alten Glaubensvorstellungen revidiert hat. Viele wurden fast in die Verzweiflung getrieben, weil man ihnen vorwarf, „Abtrünnige" geworden zu sein. Im Grunde hatten diese Menschen nur die Erfahrung gemacht, daß ihr Glaubensbekenntnis nicht mit dem lebendigen Gott gleichzusetzen ist. Menschen sind mit Gott durch die Hölle gegangen, und genau diese waren es, die das Buch Hiob nachher am besten verstanden, und die nachempfinden konnten, was er durchlitten hat. Alle Abneigung und Erbitterung gegenüber einer falschen Frömmigkeit liegt auf dieser Linie, wenn Hiob protestiert: „Wenn sie doch endlich mit dieser frommen Pose aufhören und die Fakten beim Namen nennen würden! Wenn sie doch wenigstens erschüttert vor dem schweigen würden, das sie nicht verstehen und mich lieber in meinem Gottvertrauen stärken würden!" Hiobs Freunde waren am rechten Platz, als sie sieben Tage ergriffen schweigend bei ihm saßen. Da waren sie Gott viel näher als hinterher. Als sie sich aber in einem religiösen Club zusammentaten, versteckten sie sich hinter der frommen Pose, verloren den Kontakt zur Wirklichkeit und den tatsächlichen Erfahrungen und endeten bei „großen Worten".

Die Wunde, die am meisten schmerzt ...

Hiob 18-20

Nein, es ist nie zu spät! Ich will zurück,
geschlagen von den Brüdern, gebeugt, verletzt, beschämt
und traurig — voller Bitterkeit,
voll Müdigkeit und von der Sünde krank.

So such' ich Schutz in dem verborg'nen Haus, da deine Ruhe ist.
Ach, stütze meine müden Knie und stärk das schwache Herz!
Bewahr vor Spott, bewahr vor gift'gem Hohn!
Gib der Welt Frieden, gib Geduld den Heiligen!

F. W. H. Myers

Es zählt zu den bittersten Kränkungen, wenn man „im Haus der Freunde" verletzt wird. Werden wir von anderen verletzt, so ist das schlimm genug, aber es trifft nicht so tief. In gewisser Weise kann man schon damit rechnen. Aber es tut weh, erkennen zu müssen: „Meinen Hausgenossen und meinen Mägden gelte ich als Fremder... Alle meine Getreuen verabscheuen mich, und die ich liebhatte, haben sich gegen mich gewandt." (19,15.19)

Die Sphäre der Freundschaft schwindet (18,1-21)

Es gibt immer etwas nicht ganz Greifbares, das einen Freund ausmacht. Entscheidend ist dabei nicht, was er tut, sondern was er ist. In der Gegenwart mancher Leute fühlt man sich einfach wohl. Darum leidet Hiob zusätzlich, weil seine Freunde sich gegen ihn gewandt haben. Er hat die Sphäre der Freundschaft verloren. Und er findet keine Erklärung für das, was er alles durchmachen muß. Er spürt keine Linderung durch die Hand Gottes.

Sich mit Würde zurückziehen (18,1-4)

„Da antwortete Bildad von Schuach und sprach: Wie lange wollt ihr auf Worte Jagd machen? Habt doch Einsicht; danach wollen wir reden." (V. 1-2)

In diesem langsamen Dahinschwinden der Freundschaft steckt

eine Verschärfung der Leiden, die man schlecht beschreiben kann. Hiob ist verletzt. Seine Freunde bezweifeln nicht nur die Echtheit seines Glaubens, sie entziehen ihm auch jegliche Unterstützung. Sonst schweigt doch jede mitfühlende Sympathie vor dem, was sie nicht versteht – und das ist dann Gold wert. Aber Hiobs Freunde haben aufgehört, ihm diese Sympathie entgegenzubringen. Statt dessen sagen sie: „Wir wissen, warum du leiden mußt." So kann sich jemand, der fest auf sein Bekenntnis schwört, diskret und „mit Würde" vom Freund zurückziehen. Weshalb? Nun, weil er vieles einfach nicht sieht oder sehen will.

Irritierend an Bildads Haltung gegenüber Hiob ist, daß er anscheinend seine Behauptung beweisen kann und Hiob nicht. Hiob muß schweigen. Das ist einer der größten Stachel im Leben. Wenn ein Mensch die Realitäten erkennt und sie offen bezeugt, steht er meist allein. Da hört die Freundschaft auf. Bis zu einem gewissen Punkt gehen die Freunde zwar mit, aber dann sagen sie: „Nun können wir dir nicht mehr folgen, du hast einfach die Grenze überschritten." Menschen, die so handeln, haben die Logik auf ihrer Seite. Anders der Mensch, der den Tatsachen ins Auge blickt, der weiß, daß die Basis der Dinge tragisch ist. Der andere versucht vielleicht, alles mit einem logischen Argument zu erklären. Aber eine Theorie beschert uns keine Tatsachen. Trotzdem muß derjenige, der auf die Fakten sieht und weiterhin an Gott glaubt, die Hand auf den Mund legen und schweigen.

Bildad beschreibt den schlechtesten Menschen, den er sich vorstellen kann, und Hiob antwortet: „All dies ist mir passiert, und deshalb hältst du mich für diesen schlechten Menschen? Ich bin es aber nicht. Du hältst nur die Theorie deines Glaubensbekenntnisses hoch, während ich die Realität meiner Erfahrungen habe. Wäre Gott so, wie es dein Bekenntnis besagt, daß nämlich der Reiche gesegnet und der Arme gestraft wird, dann würde ich zum Atheisten. Den Gott, der mir meine Erfahrungen erklärt, den habe ich noch nicht gefunden. Ich bin aber sicher, daß es ihn gibt. Bis dahin lehne ich es ab, das von dir gezeichnete falsche Gottesbild anzunehmen."

Es gibt heutzutage unzählige ähnliche Erfahrungen. Da werden Menschen Atheisten genannt, die es gar nicht sind. Sie rebellieren lediglich gegen ein falsches Gottesbild, das ihnen übergestülpt wird. Das hieße aber, die ganzen Bösartigkeiten zu leugnen, die sie als Tatsachen erleben. Da bekennt man doch lieber mit Hiob: „Ich werde keine Darstellung Gottes annehmen, die von mir verlangt, die Tatsachen zu verleugnen."

Predigt des Freundes, der sich zurückzieht (18,5-21)

„Dennoch wird das Licht der Gottlosen verlöschen, und der Funke seines Feuers wird nicht leuchten... Ja, so geht's der Wohnung des Ungerechten und der Stätte dessen, der Gott nicht achtet." (V. 5.21)

Ein Mensch muß seinen Rückzug doch irgendwie verbergen. Bildad entschwindet in einer Wolke von Rhetorik. Seine Beschreibung vom Schicksal des Gottlosen ist eine versteckte Anspielung auf Hiobs Situation. Bildad tut sich groß mit seinem Wissen über die Psychologie des Bösen, wie sie, seiner Meinung nach, aus Gottes Sicht besteht. Doch offensichtlich ignoriert er dabei sowohl Gott als auch den Menschen. Seine Empörung über Hiob ist lächerlich. Die Worte der Freunde beweisen, daß derjenige, der an sein Bekenntnis statt an Gott glaubt, nachtragend und rachsüchtig wird bei seinem Versuch, das gefährdete Bekenntnis zu rechtfertigen. Und wenn Wahn und Wirklichkeit sich in irgendeiner Form widersprechen, will er am Ende die Wirklichkeit nicht wahrhaben.

Reaktion aufs Gemüt (19,1-29)

Der Appell des Entmutigten (V. 1-5). „Hiob antwortete und sprach: Wie lange plagt ihr doch meine Seele und zerreißt mich mit euren Worten?" (V. 1-2)

„Entmutigung ist enttäuschter Egoismus", sagt Mazzini. Das heißt, die Eigenliebe ist einem zerschlagen worden. Hiob hatte einmal sein Bekenntnis geliebt; jetzt aber ist er mit seiner Weisheit am Ende. Und aus der Mitte seiner Entmutigung richtet er seinen Appell an die Männer, die ihn eigentlich hätten verstehen müssen. „Ihr stellt euch auf die Seite der ‚Fügung' Gottes, die doch allem Anschein nach gegen mich gerichtet ist." Dieses Kapitel ist nicht allein Ausdruck tiefer Seelenpein und Besorgnis. Es offenbart auch Mut aus einer Rechtschaffenheit heraus, die nicht unwahrhaftig sein will – auch nicht, um die Ehre Gottes zu retten. „Gott scheint mein vorherbestimmter Feind zu sein", klagt Hiob, „dazu behauptet ihr noch, ich sei böse. Doch ich bleibe dabei: Das ist nicht die Ursache meiner Leiden!"

Der Schrei des Gejagten (19,6-20)

„So merkt doch endlich, daß Gott mir unrecht getan hat und mich mit seinem Jagdnetz umgeben hat. Siehe, ich schreie: ‚Gewalt' und werde doch nicht gehört; ich rufe, aber kein Recht ist da." (6-7)

Hiobs Worte sind nicht gefärbt. Er berichtet lediglich, was ihm zugestoßen ist: alles ist weg und keine Erklärung in Sicht. Bei manchen Problemen erblickt man keinen noch so schwachen Hoffnungsschimmer. Auf das Konto des Krieges gehen unzählige Menschenschicksale, die das bestätigen können. Und es wäre oberflächlich und lieblos, den Betroffenen zu raten: „Nimm's nicht so schwer. Immer nur lächeln!" Das wäre purer Hohn! Vielen von den Betroffenen ist das Leben zur Hölle geworden und in ihren Herzen herrscht finsterste Finsternis. Jemand, der dann von „Strafe Gottes" spricht, offenbart seine Kaltblütigkeit. Doch jemand, der betroffen zugibt: „Ich weiß auch nicht, warum du dies alles durchmachen mußt, das ist ja wirklich zum Verzweifeln, ich werde mich zu dir setzen und mit dir abwarten", der ist ein rechter Segen und eine große Hilfe. Hiob hat niemanden, der ihm das sagt. Seine einstigen Freunde vergrößern durch ihr Verhalten nur seine Bitterkeit. Sie haben zwar auch schon schlechte Erfahrungen mit ihrem Glaubensbekenntnis gemacht, trotzdem decken sie alles mit frommen Worten zu.

Die Qual des Verlassenen (19,21-29)

„Erbarmt euch über mich, erbarmt euch, meine Freunde; denn die Hand Gottes hat mich getroffen! ... Aber ich weiß, daß mein Erlöser lebt, und als der letzte wird er über dem Staub sich erheben..." (V. 21.25)

Hiob schneidet hier mit seinen Worten nicht unbedingt die Frage der Unmoral an. Er stellt nur klar: er glaubt, daß eine Zeit kommen wird, in der ein Schiedsrichter erscheint, der ihm erklärt, warum er durch dieses Leid hindurch mußte. Und, so weiß er, das wird zu Gottes und zu seiner eigenen Rechtfertigung geschehen. Es ist sicher unübertroffener Heroismus, wenn Hiob bekennt: „Obwohl er mich schlägt, bleibe ich dabei, daß Gott ein Gott der Liebe, Gerechtigkeit und Wahrheit ist. Ich sehe im Moment zwar keinen Ausweg, aber ich will fest daran glauben, daß Gott würdig und nicht zu verurteilen ist, wenn alles transparent wird." Hiob weigert sich standhaft, den leichteren Weg seines bisherigen Bekenntnisses einzuschlagen, in dem Segen Gottes allein durch Wohlstand und Wohlergehen sichtbar wird.

Die innere Anteilnahme nimmt ab (20,1-19)

Ziehen sich die intimsten Freunde zurück, weil sie vermuten, etwas Böses sei geschehen, dann bedeutet das den Verlust der freundschaftlichen und persönlichen Anteilnahme, und damit Verlust der Kommunikation.

Die Verachtung des Gekränkten (20,1-3)

„Da antwortete Zofar von Naama und sprach: ... denn ich muß hören, wie man mich schmäht und tadelt, aber der Geist aus meiner Einsicht lehrt mich antworten." (V. 1-3)

Zofar redet würdevoll, doch das ist noch kein Zeichen von Verständnis. Zofar hat nur Hiobs Worte mit dem Ohr gehört, verstanden hat er sie nicht. Er ist über das Verhalten seines ehemaligen Freundes gekränkt. Einem Rückzug aus einer alten Freundschaft gehen meist eine Menge schrecklicher Vorwürfe voraus, entweder schriftlich oder mündlich. Bildad zog sich mit seiner Redekunst zurück. Zofar erklärt ziemlich förmlich, warum er Hiob verachtet.

Die Reden des Beleidigten (20,4-29)

„Weißt du nicht, daß es allezeit so gegangen ist, seitdem Menschen auf der Erde gewesen sind, daß das Frohlocken der Gottlosen nicht lange währt und die Freude der Ruchlosen nur einen Augenblick?" (V. 4-5)

Es ist schon noch ein Funke Barmherzigkeit darin, daß die Freunde Hiob nicht direkt verdammen. Bei uns betrachtet man das Fluchen als etwas Primitives, mehr nicht. Aus dem Munde eines Arabers oder Hebräers ist es aber etwas anderes. Ist der Fluch einmal ausgesprochen, geht er ihrer Meinung nach auch in Erfüllung. Diese Art Fluch spricht Zofar zwar nur indirekt aus, aber seine Worte haben enormes Gewicht, etwa wie eine Prophezeiung in der Bibel.

Hiobs Aussagen sind ja nicht gegen Gott gerichtet, sondern gegen sein überkommenes Bekenntnis. Ein Mensch, der über sein Glaubensbekenntnis hinaus treu an Gott glaubt, vertraut diesem Gott selbst, und nicht einer Aussage *über* ihn, die ja irrig sein könnte. Wenn man einem Menschen zuhört, der innerlich sehr verletzt ist, so mag er klagen, wie er will, es klingt in den Ohren dessen, der so etwas Schlimmes noch nicht erlebt hat, sehr schnell lästerlich. Hiob möchte seine Freunde wissen lassen: nicht Einbildungen bewegen ihn, so zu reden, sondern die Tatsache, daß er verzweifelt hart geschlagen wurde. Hiob sieht vom Verstand her keinen Ausweg. Ihm hilft allein die Gewißheit, die er in Kapitel 13 zu erkennen gibt: „Obwohl er mich schlägt, will ich ihm vertrauen."

Der heftigste Zusammenstoß

Hiob 21-25

Wenn wir den Verlauf eines normalen menschlichen Lebens betrachten, sollten wir niemals die besonderen und die tragischen Erfahrungen vergessen. Ein Grund für die Erfolglosigkeit falschen Evangelisierens liegt darin, daß wir gern den Durchschnittsmenschen ins Rampenlicht stellen, jemand, der einfach seine Erfahrungen als Christ erzählen kann. Die Gemeinde der Christen umfaßt zwar auch die Ärmsten und die Schwächsten, trotzdem können Menschen mit außerordentlichen Erfahrungen, wie etwa Hiob oder der Apostel Paulus, den anderen die tragische Basis der Dinge besser näherbringen. Die wichtigsten Meinungsverschiedenheiten in unserer Geschichte führen uns zurück zu diesem Grund.

Fehler werden erkennbar (21,1-34)

„Wer ist der Allmächtige, daß wir ihm dienen sollten? Oder was nützt es uns, wenn wir ihn anrufen?...Gott spart das Unglück des Gottlosen auf für dessen Kinder. Er vergelte es ihm selbst, daß er es spüre!... Siehe, ich kenne eure Gedanken und eure Ränke, mit denen ihr mir Unrecht antut... Wie tröstet ihr mich mit Nichtigkeiten, und von euren Antworten bleibt nichts als Trug!" (V. 15.19.27.34)

> *„Gewißheit der Herzen braucht die Welt mehr als wohlklingende Prinzipien. Keine oberflächliche Gefälligkeit, sondern Gewißheit, keine fertige Religion, sondern innerste Überzeugung."*
>
> Dr. Forsythe

Hiob bleibt dabei, daß der Grund der Dinge nicht klar und einfach zu durchschauen ist. „Es ist absurd", meint er „zu behaupten, Gott würde die Bösen bestrafen und sich nur um die Guten kümmern. An der Basis der Dinge gibt es so viel Verkehrtheit, daß diese Erklärung nicht ausreicht." Die Freunde aber begründen ihre

Behauptung damit, daß es ihnen besser gehe, weil sie ihrem Glaubensbekenntnis treu geblieben sind. Hiob erwidert: „Ich habe doch dasselbe geglaubt wie ihr, bis das große Unglück mich überfiel." Ihr Glaube basiert auf ganz bestimmten Prinzipien. Was jedoch dringlich ist, ist eine lebendige Beziehung zu Gott. Wenn sich Verhältnisse durch einen Todesfall oder durch Krisen im persönlichen Bereich ganz plötzlich ändern, können wir Hiobs Worte sehr gut nachempfinden. Von heute auf morgen kann alles durcheinandergeraten. Dann aber revoltieren wir gegen Menschen, die uns mit Moralpauken kommen. Sie haben für alles eine Erklärung und können einem genau sagen, was man falsch gemacht hat. Hiob sagt, daß solche oberflächlichen Erklärungen nicht ausreichen, wenn ein Mensch plötzlich mit tragischen Umständen konfrontiert wird. Solche oberflächlichen Worte sind dann total fehl am Platz. Wenn Hiob mit seiner Behauptung nicht recht hätte, dann wäre auch die Errettung „viel Lärm um nichts".

Die Härte im Urteil der Pharisäer (22,1-30)

„Da antwortete Elifas von Teman und sprach: Kann denn ein Mensch Gott etwas nützen? Nur sich selber nützt ein Kluger ... So vertrage dich nun mit Gott und mache Frieden; daraus wird dir viel Gutes kommen." (V. 1-2,21)

> *„Manch ein dicker Pharisäer spielt sich als großer Moralist auf und hält sich selbst ernstlich für einen solchen. Am tödlichsten ist beim Pharisäertum nicht die Heuchelei, sondern das Nichtsehenwollen der Realität."*
>
> Dr. Forsythe

Zum Wesen des Pharisäers gehört es, sozusagen immer auf Zehenspitzen zu stehen und der Größte zu sein. Ein Mensch, der die tragische Basis der Dinge nicht wahrhaben will, kann enorm hart sein und ist eifrig nur auf strenge Prinzipien und moralische Reformen bedacht. Ein Mensch, der bei den andern übertrieben gewissenhaft ist, ist fast immer jemand, dem selbst einmal etwas danebengegangen ist oder der einen krankhaften Zug hat. Oft will er durch moralischen Übereifer in einer ganz bestimmten Sache sein eigenes Versagen verdecken. Ein Pharisäer erledigt seine Gegner nicht durch lautes Schimpfen, sondern durch eine Logik, die einem die Sprache verschlägt. Ihm geht es um Prinzipien, nicht um menschliche Beziehungen. Heutzutage gibt es viel Pharisäertum, das sich tief vor der Prinzipienreiterei im weltlichen und religiösen Bereich verbeugt. Ein Jünger Jesu Christi aber verbeugt sich nur vor seinem Herrn, nicht vor Prinzipien.

Hiobs Erfahrungen stehen einfach diesem besonderen Pharisäer Elifas im Wege, darum greift er Hiob an. Seine Worte fließen nur so, und seine Vorwürfe sind erschreckend. Er zählt alle Fakten zusammen und klärt Hiob auf, daß er wohl die Unschuldigen falsch behandelt habe, die Witwen ohne Unterstützung gelassen habe und die Waisen hätte verhungern lassen. „Ist deine Bosheit nicht zu groß, und sind deine Missetaten nicht ohne Ende? Du hast deinem Bruder ein Pfand abgenommen ohne Grund, du hast den Nackten die Kleider entrissen; du hast die Durstigen nicht getränkt mit Wasser und hast dem Hungrigen dein Brot versagt." (V. 5-7)

Das sind immer die Mittel eines Pharisäers, sei er nun ein Demagoge oder ein religiöser Typ, irgendwann hebt er immer den Zeigefinger. Und kann er für ein vernachlässigtes Prinzip die Werbetrommel rühren, so tut er das. Mit der Realität hat das meist nichts mehr zu tun. Das Pharisäertum zu Jesu Zeiten pochte auf die Grundsätze des Judaismus. Als dann Jesus erschien, erkannten sie ihn nicht und warfen ihm vor: „Du bist ein Heuchler. Wir können das beweisen." Aber auch viele religiöse Strömungen unserer Tage berühren die Wirklichkeit nicht. Trotzdem bestehen die Pharisäer auf bestimmten Formen und Lehren. Wagt es ein Mensch, gegen diese Formen anzugehen, so findet er nur Spreu. Jeder, der auf die eigene konfessionelle Gruppe schwört, ist meist davon überzeugt, daß die Masse der andern, die nicht mit dem übereinstimmt, was „wir" als Grundprinzip erkannt haben, auf dem Holzweg ist. Er kann sich gar nicht vorstellen, daß der „Hiob-Typ" bei den andern in Gottes Augen auf dem rechten Weg sein könnte. Als Gott schließlich mit Elifas redete, bestand dessen Demütigung darin, zu entdecken, daß Hiob in den Augen Gottes tatsächlich der einzige von ihnen war, der auf dem rechten Weg war. Bis dahin aber fällt es oft leichter, zu Elifas als zu Hiob zu stehen.

Ein Pharisäer ist ein ausgeprägter Moralist (vergl. Joh. 16,2 und Hebr. 13,13). Als Jesus Christus kam, paßte er in keine der vorhandenen religiösen Gruppen. Das war seine „Schmach". Die Aufforderung: „Lasset uns hinausgehen aus dem Lager und seine

Schmach tragen", bedeutet ja nicht, daß man die Welt und die Menschen verlassen soll, sondern daß man sich nötigenfalls von der eigenen Gruppe lösen sollte. Und das ist dann eine der schmerzlichsten Erfahrungen, die ein Jünger Jesu überhaupt machen kann. Wenn man treu zu Jesus Christus steht, gibt es Zeiten, in denen man aus Überzeugung „aus dem Lager" gehen muß. Die meisten von uns schrecken vor solch einem Schritt zurück, weil das Einsamkeit bedeuten würde. Das „Lager" ist also die religiöse Gruppe, zu der man gehört. Die Gruppe der andern zählt sowieso nicht.

Elifas ist so sehr von Hiobs Schlechtigkeit überzeugt, daß er sich über Gottes Geduld mit Hiob nur wundern kann. Wenn Elifas an Gottes Stelle wäre, hätte er ihn längst exkommuniziert. Und doch ist Hiob derjenige, der mit den Realitäten fertig werden muß. Heutzutage fragt man weniger: „Ist die Sache wahrhaftig?" Man fragt lieber: „Ist sie realistisch?" Es ist zweitrangig, ob die Sache stimmig ist. Viele Dinge gelten als wahr, die uns nicht weiter stören. Habe ich einen wirklichen Gott, oder versuche ich mir ein pharisäisches Deckmäntelchen zu fabrizieren? Hiob wollte solch eine „getünchte Wand" nicht akzeptieren. Er befand sich in einer verzweifelten Lage, doch er glaubte an den lebendigen Gott. Deshalb wollte er warten, bis dieser auf der Bildfläche erschien.

Der revolutionäre Gebetskampf (23,1-24.25)

„Ach, daß ich wüßte, wie ich ihn finden und zu seinem Thron kommen könnte! So würde ich ihm meinen Fall darlegen und meinen Mund mit Beweisen füllen." (23,3-4)

„Es gibt keine Realität ohne Kampf. Wenn du nicht zum Kämpfen aufgerufen bist, liegt es daran, daß es ein anderer für dich getan hat."
Dr. Forsythe

Der Grund, weshalb wir die Erlösung so leicht erfahren können, liegt darin, daß Gott die schweren Kosten für sie trug. Wenn es mir leicht fällt, meinen Glauben zu leben, liegt es daran, weil ein anderer das Lösegeld für mich bezahlte. Wenn wir jedoch meinen, wir könnten diese Erfahrungen auf das ganze Leben anwenden, dann irren wir. Nur wenn wir uns die Erfahrungen derjenigen zu eigen machen, die den Preis dafür bezahlt haben, finden wir zur Realität. Es sind Menschen wie Hiob und der Apostel Paulus, die uns auf die grundlegenden Dinge stoßen, nicht aber Durchschnittschristen, die ebensowenig begreifen, wieso die Basis unserer Rettung die Erlösung ist, wie sie die Basis des menschlichen Lebens überhaupt begreifen. Wir müssen lernen, die großartigen Jünger Jesu zu verstehen, die harte Schläge einstecken mußten und so zum Grund der Dinge durchgedrungen sind. Ihre Erfahrungen sind uns in Gottes Wort erhalten geblieben. An ihnen können wir erkennen, wo wir selbst stehen. Ein anderer Grund der Fruchtlosigkeit mancher Pseudoevangelisten liegt darin, daß sie ihr Hauptaugenmerk nur auf die sichtbaren, kleineren Dinge legen, von denen man erlöst oder befreit werden kann. Gott sei Dank, ein Christ wird auch davon errettet, aber sie machen nicht eigentlich das Christenleben aus. Das sind nur Folgen. Paulus sagt: „... nicht viele Mächtige, nicht viele Vornehme sind berufen." Er sagt nicht: „... überhaupt keine Mächtigen und Vornehmen sind berufen." Unser Herr selbst, sowie Männer wie Hiob im Alten Testament und Paulus im Neuen Testament weisen uns auf die Fundamente unseres Glaubens hin. Und dahin sollten wir schauen, wenn unser Glaube ins Wanken gerät.

Hiobs Aufschrei: „Ach, wenn ich wüßte, wie ich ihn finden könnte!" ist die Geburt des Gebetes auf dem Boden der Erlösung. Dieses „Finden" vollzieht sich nicht durch folgerichtiges Denken oder bloße Religiosität. Der einzige Weg, Gott zu finden, ist das Gebet. Im Glaubensleben eines Pharisäers wird das Gebet zum Ritus, zur Zeremonie. In allen Religionen, die auf bestimmten Grundprinzipien beruhen, ist das Gebet solch eine fromme Übung, eine Zeremonie ohne Herzblut und Passion der Menschen, die es aussprechen. Solche Gebete haben oft einen wunderbaren Ausdruck, den man sich meist für eine stille Anbetung wünscht. Die schönsten Gebete sind oft Riten, die wie Gedichte aufgesagt werden. Aber sie besitzen wenig Wirklichkeitsgehalt. Das, was sie wirklich bedrückt, sprechen sie nicht aus. Es ist kein Stachel in ihnen, nichts Packendes, das einen Menschen von Angesicht zu Angesicht mit den Dingen bringen könnte. Der Weg, auf dem wir Gott finden, liegt nicht in rituellen Übungen, nicht in unserer Religiosität, sondern – wie Jesus Christus es uns wissen ließ – im ernsthaften Gebet.

Es bedarf einer Unmenge von Wiederholungen seitens unseres

Gottes, bis wir begriffen haben, was Beten heißt. Bevor wir nicht mit unserer eigenen Weisheit am Ende sind, beten wir überhaupt nicht richtig. „... und deren Seele verschmachtete ... die dann zum Herrn riefen in ihrer Not." (Psalm 107,5-6.13.19.28)

Es gibt zweifellos Dinge, die ein Geheimnis sind, zum Beispiel die Erlösung. Wie soll ich verstehen, ob die Erlösung sich auf alle Dinge meines Lebens erstreckt oder nur auf einen Teil? Das begreife ich nicht durch logische Überlegungen, sondern durchs Gebet. Und so wahr Gott unser Gott ist, werden wir einmal die Antwort bekommen und dann begreifen. Wenn wir anfangen zu diskutieren und Feuer spucken wie Elifas, werden wir sie nicht erhalten. Durch Wortgefechte gewinnen wir diese Einsicht nicht. Wir müssen ins Gebet gehen. Die meisten von uns halten sich selbst für weise genug. Wir haben unsere eigenen Vorstellungen, die wir realisiert sehen möchten. Aber nichts ist höher einzuschätzen als Menschen, die für uns beten. Gottes Arm bewegt sich als Antwort auf solche Gebete.

Erlösung ist leicht zu haben, weil sie Gott soviel gekostet hat. Wenn ich dann durch und durch erneuert werden soll, kostet mich das allerdings auch einiges. Ich muß das Anrecht auf mich selbst aufgeben und bewußt etwas in mir aufnehmen, das einen wertvollen Kampf gegen die Gelüste meines Fleisches aufnimmt. Es ist etwas, das von mir erwartet, daß ich es mit Jesus Christus kreuzige. Und das erweckt einen Streit in mir. Die Mehrzahl von uns zieht es vor, sich dann „aus dem Staub zu machen", statt tapfer „die Ärmel aufzukrempeln und anzupacken." Aber nur solche Leute setzen etwas in Gang und erleben die ganze Erlösung. Menschen, die sich nicht mit oberflächlicher Religiosität zufriedengeben, sondern den Dingen auf den Grund gehen, zahlen damit heute schon den Preis für die nächste Generation. Wir sind ja auch in dieser natürlichen Welt, weil unsere Mütter uns unsere Geburt unter Schmerzen erkämpft haben. Und je weniger diese Schmerzen betäubt wurden, umso kräftiger und gesünder war das Kind. Eine Sache ist soviel wert, wie sie kostet.

Im Brustton der Überzeugung

„Da antwortete Bildad von Schuach und sprach: Herrschaft und Schrecken ist bei ihm, der Frieden schafft in seinen Höhen. Wer will seine Scharen zählen? Und wem geht sein Licht nicht auf?" (V. 1-3)

„Wir haben da den modernen Typ des Pharisäers vor uns, den unbewußten Heuchler, den Mann oder die Frau in Positur,
nicht den bewußten Schwindler. Er ist der Typ ohne dunkle Absichten, aber mit verstecktem Egoismus, mit hartnäckiger Überzeugung und umgänglicher Religiosität."

Dr. Forsyte

Bildads Äußerungen sind taktlos und weichen sehr vom Thema ab. Der moderne Pharisäer vom Typ des Bildad ist ein Mensch, der die Pose aufrechterhalten muß. Persönlich berührt ihn das Problem nämlich gar nicht. Immer wenn Schwierigkeiten auftauchen, kommt er mit überflüssigen Phrasen. Hiob wird von Bildad nicht direkt angegangen; denn dieser bemitleidet ihn. Bildad versetzt Hiob nur Stiche, weil er meint, auf einer höheren Stufe zu stehen und weil er zu wissen glaubt, warum Hiob leidet. So setzt er ihm seine Prinzipien auseinander. Hiobs Realität als solche berührt ihn nicht. Er ist nur einfach herzlos und denkt nicht groß nach, wenn er redet. Es strömt nur so aus ihm heraus. Den „Bildad-Typ" findet man häufig am Rednerpult. Dort drischt er Phrasen und leeres Stroh. Das geht dann oft wie ein Donnerwetter über die Köpfe hinweg, wenn man eigentlich auf Trost gehofft hatte. Diese Freunde warfen Hiob vor: „Du wolltest es ja nicht anders." Ein trauriger Mensch möchte irgendwo Herz und Verstand ausruhen und sich trösten lassen. Der einzige Ruheort ist aber nur Gott und der einzige Weg dahin das Gebet. Leider sind viele unserer Gebete ziemlich nichtssagend. Sie sind nicht wie die Worte eines bedrängten Kindes, das mit allem, was es beunruhigt, zum Vater kommt. „Bittet, und ihr werdet empfangen", sagt Jesus. Aber wir bitten nicht, wir quengeln nur, obwohl eine Minute wirkliches Bitten Gottes Arm in Bewegung setzen würde. Er beantwortet Gebete auf der Grundlage der Erlösung. Jesus Christus sagte nicht: „Bittet um alles, worauf ihr Lust habt, und ihr werdet es bekommen." Nein, er sagte: „Bittet, wenn es euch ein ernstes Anliegen ist." Und Gott hat sein Ehrenwort gegeben, daß wir dann immer eine Antwort bekommen.

Parabeln

Hiob 26-31

Sei mir nahe, wenn das Licht mir schwindet,
wenn mir mein Blut erschaudert, alles an den Nerven zerrt,
wenn krank mein Herz und alle Glieder lahmen,
wenn meinem Sein die bösen Tage nahn.

Sei mir nahe, wenn meine Seele leidet,
weil Folterspuren hinterließ des Lebens Pein,
wenn meine Zeit verweht wie Staub im Winde,
das Leben einer fressend Flammenfurie gleicht.

Sei mir nahe, wenn mein Glaube matter,
ich Menschen um mich her wie Eintagsfliegen seh,
die ihre Eier legen, stechen, summen
und ihre zarten Flügel senken und vergehn.

Sei mir nahe, wenn ich selbst vergehe
und du den Schlußstrich setzt hinter meines Lebens Zeit,
wenn an der schwächsten Grenze meines Seins
ich steh im Zwielicht hin zur Ewigkeit.

Tennyson

Eine Parabel ist eine sinnbildliche Geschichte, die sich nicht selbst erklärt. Jeder von uns hat eine Lebensgeschichte, deren Erklärung nicht in unserer Hand liegt. Sie ist eine Domäne dessen, der das Leben erschaffen hat. Hiob hält die Erklärung seiner Freunde, was seine Lebensgeschichte anbelangt, für hoffnungslos falsch. Nirgendwo entdeckt er Verständnis für seine Lage. Gott allein kennt die Erklärung für alles, was er durchmachen muß.

Weder Logik noch Wissenschaft können die großen Wunder der Natur erklären. Nehmen wir einmal an, ein Wissenschaftler ohne Geruchssinn würde behaupten, es gäbe keinen Rosenduft. Und um seine Behauptung zu beweisen, zerlegt er Rosen mit einem Seziermesser, stellt Tabellen auf und existiert nur in der Einbildung: „Das habe ich nachgewiesen." Es gibt nämlich immer noch Faktoren darüber hinaus, die die Wissenschaft nicht erklären kann und das Beste, was man machen kann, ist, dies nicht zu leugnen, um die eigenen Gedankengänge zu untermauern. Lieber sollte man mit Hiob sprechen: „Dieser eine unerklärliche Faktor weist entweder auf Gott hin, oder es gibt überhaupt keine Erklärung dafür."

Gott und die Spitzfindigkeit (27,1-23)

„Und Hiob fuhr fort mit seinem Spruch und sprach: ... Das sei ferne von mir, daß ich euch recht gebe; bis mein Ende kommt, will ich nicht weichen von meiner Unschuld. An meiner Gerechtigkeit halte ich fest und lasse sie nicht; mein Gewissen beißt mich nicht wegen eines meiner Tage." (V. 5-6)

Gott ist nicht spitzfindig in seinen Offenbarungen, sondern immer elementar und einfach. Das „einfache Evangelium" meint nicht Einfachheit im Verständnis, sondern Einfachheit der Wege Gottes. Hiob erklärt ehrlich: „Wenn ich euren Erklärungen rechtgeben würde, sündigte ich gegen mein Gewissen. Sollte ich etwa behaupten, ihr sagtet die Wahrheit, wenn ihr in Wirklichkeit lügt?" Er entschuldigt sich nicht, weil er sich damit anklagen würde.

Gott und das Erhabene

„Siehe, das sind nur die Enden seiner Wege, und nur ein leises Wörtlein davon haben wir vernommen. Wer will aber den Donner seiner Macht verstehen?" (V. 14)

Die erhabenen Erscheinungen in der Natur überwältigen uns immer wieder, zum Beispiel das Panorama einer wildzerklüfteten Gebirgslandschaft. Ein Mensch, der dieses Gefühl für Größe und Erhabenheit nicht kennt, ist arm zu nennen. Die Erde ist voll von solchen wunderbaren Dingen, die allein Gott erklären kann, sollte man auch keine Aufschlüsse über die menschliche Seele von ihm erwarten. Die Größe der Natur ist mit der Logik nicht zu erfassen, höchstens mit der Unlogik. Hiob sieht dies und schließt daraus: „Wenn ihr meint, ihr könntet das große Wunder der menschlichen Seele erklären, dann habt ihr nicht genug über das menschliche Leben nachgedacht." Der Psalmist drückt es so aus: „Mein Gott, du bist der Gott der höchsten Berge und der tiefsten Täler, der Gott der frühen Morgenstunden und der späten Abende. Doch es gibt tiefere Tiefen in mir, mein Gott, geheimnisvollere Dinge in meiner

Seele, und ich kann meinen eigenen Weg nicht ergründen. Darum erforsche mich, o Gott!" (nach Psalm 139). Hiob denkt wohl ebenso, wenn er sagt: „Siehe, das sind nur die Enden seiner Wege, und nur ein kleines Wörtlein davon haben wir vernommen." Im Buch Hiob wird die Natur immer als wild dargestellt. Das haben wir heute fast vergessen. Wir reden über Naturgesetze und Entdeckungen, geben über Donner und Sonnenuntergang wissenschaftliche Erklärungen ab und kommen zu dem Schluß, daß es in der Natur nichts Erhabenes mehr gibt. Doch die wilde, unbezähmbare Seite der Natur sollte man nicht übersehen. Es gibt Kräfte in der Erde, der Luft und im Meer, die jedem Versuch einer Erklärung oder Kontrolle widerstehen. Wir können uns nur darüber wundern.

Es besteht ein Unterschied zwischen Elifas' Spitzfindigkeit und der des Hiob. Elifas faßt die Geschichte vom Gottlosen zusammen und behauptet, Gott ließe all dies Unglück über Hiob kommen, um ihn zu strafen, während Hiob feststellt, daß man die Lebensgeschichte eines Menschen nicht nach äußeren Dinge beurteilen dürfe. Gott allein kann sie erklären. Die Beschreibung, die Elifas vom Gottlosen gibt, ist eine versteckte Verurteilung Hiobs. Er nimmt die üblen Tatsachen der augenblicklichen Lage Hiobs und stellt sie zum Bild des Gottlosen zusammen. Die ganze Zeit über läßt er durchblicken: „Du bist dieser Gottlose!" Und Hiob beschwert sich: „Damit tröstet ihr mich nicht und gebt mir keine Hilfestellung." Er prahlt nicht etwa, er sei ein guter Mensch, sondern betont nur, daß seine Leiden ursächlich nichts mit Schuld und Strafe zu tun hätten. „Ihr behauptet, ihr würdet Gottes Verhalten verstehen, aber alles, was ihr als Erfahrungen eines gottlosen Menschen beschreibt, das habe auch ich erlebt als Mensch, der nicht gottlos ist."

Hinter Hiobs Erfahrungen steht die Tatsache, daß Gott und Satan aus Hiobs Seele einen Kampfplatz gemacht haben. Es geht absolut nicht um Hiobs Züchtigung und Vervollkommnung. Es steckt tatsächlich eine andere Absicht dahinter, die Hiob aber unbekannt ist. Intuitiv hält Hiob daran fest, daß der eine, der die unerforschten Wunder der Natur deuten kann, der eine ist, der sein Schicksal auch einmal darlegen wird. „Obwohl er mich schlägt, obwohl mein altes Glaubensbekenntnis ins Wanken geraten und alles zerstört ist, was mir lieb und teuer war, will ich ihm vertrauen und mich ihm ausliefern. Ich glaube, daß er gerecht, treu und anbetungswürdig ist und bleibt. Mein Glaube wird einmal gerechtfertigt, obwohl es im Augenblick so aussieht, als wolle er mich unbedingt vernichten."

Es gibt zur Zeit in unserem Land viel Gerede, ob Gott uns wohl in diesem Krieg für unsere Sünden strafen würde. Eine hoffnungslose Fehlinterpretation! Mit der Sünde der Welt wurde am Kreuz von Golgatha abgerechnet! Wenn Gott die Völker aufgrund ihrer Sünden strafen würde, bliebe wohl kein Volk dieser Erde ungeschoren. Hiob entdeckt sehr richtig, daß die Schwierigkeiten durch Willenskonflikte entstehen.

Hüten wir uns also vor Spitzfindigkeiten, die die Tatsachen verdrehen. Hiobs Freunde warfen ihm vor: „Wir haben alle diese Fakten, die gegen dich sprechen. Sie sind nur zu erklären, daß du ein gottloser Mensch sein mußt. Vielleicht ist dir deine Gottlosigkeit gar nicht bewußt. Trotzdem: Du bist ein Heuchler! Nach unserem Glaubensbekenntnis segnet Gott die Menschen, die ihm vertrauen, mit sichtbaren Segnungen. Statt dessen sehen wir bei dir nur Unglück. Du bist gestraft worden; denn du hast alles verloren. Darum mußt du ein böser Mensch sein." Wäre Hiob nun ein übersensibler Mensch, der sich leicht Schuldgefühle einreden ließe, hätte er geantwortet: „O ja, ich muß bestimmt böser sein, als ich dachte. Bestimmt bin ich schuldig." Aber Hiob blieb fest: „Nein, ich habe mich nicht falsch und unehrenhaft benommen. Ihr könnt von mir sagen, was ihr wollt. Das ist auf keinen Fall die Ursache meiner Leiden."

Gott und das Unbekannte

„Es hat das Silber seine Gänge und das Gold seinen Ort, wo man es läutert. Eisen bringt man aus der Erde, und aus dem Gestein schmilzt man Kupfer." (V. 1-2)

Bei sorgfältiger Prüfung aller geologischen Angaben Hiobs stellen wir fest, daß ihm keine Fehler unterlaufen sind. Alle Aussagen treffen genau zu, auch wenn sie der Vergangenheit angehören.

Jede Aussage des gesunden Menschenverstandes enthält auch ein Moment, das sich einer vollständigen Erklärung durch den gesunden Menschenverstand entzieht. Jeder Tag und jede Nacht offenbaren Fakten, die man so einfach nicht erklären kann. Wenn ein Wissenschaftler bei seinen Forschungen an eine solche unerklärliche Lücke kommt, sollte er nicht einfach behaupten: „Es gibt da keine Lücke." Statt dessen sollte er zugeben, daß eine Lücke vorhanden ist, die man nicht erklären kann. Und dann sollte er nicht abfällig von dem reden, was er nicht versteht. Leider besteht aber die Neigung, Fakten die Existenzberechtigung abzusprechen, weil sie zur Zeit noch in kein Schema passen. Es stimmt einfach nicht, daß „die Ausnahmen die Regel bestätigen". Die Ausnahmen bestätigen höchstens, daß die Regel nicht ganz stimmt und lediglich in den meisten Fällen anwendbar ist. Wenn Wissenschaftler eine These als Tatsache betrachten, bedeutet das nur, daß die These den höchsten Wahrscheinlichkeitsgrad erreicht hat. „Unfehlbarkeit" gibt es bei Theorien nicht. Ein Mensch, der an die Wissenschaft hundertprozentig glaubt, ist wahrscheinlich ebenso töricht wie jemand, der gar nichts von der Wissenschaft hält. Der Mensch, der betet, hört auf, solch ein Ignorant zu sein. Und der Mensch, der nicht betet, wird blind bleiben und keinen Ausweg finden. Hiob schreit es heraus, daß der einzige Ausweg in seiner Situation im betenden Glauben zu finden ist.

„Woher kommt denn die Weisheit? Und wo ist die Stätte der Einsicht? . . . Siehe, die Furcht des Herrn, das ist Weisheit, und meiden das Böse, das ist Einsicht." (V. 20.28)

Gott und die Finsternis (29,1-25)

„O, daß ich wäre wie in den frühen Monden, in den Tagen, da Gott mich behütete, da seine Leuchte über meinem Haupt schien und ich bei seinem Licht durch die Finsternis ging." (V. 2-3)

Die „Schatten" veranschaulichen das, was Hiob hier beschreibt. Es gibt Dinge in der Menschheitsgeschichte und persönliche Erfahrungen, deren Geheimnisse nicht erklärbar sind. Das vermag allein der Glaube an den lebendigen Gott, der auf seine Weise alles in Ordnung bringt. Hiob sagt hier, es gäbe gar nichts im Leben, auf das man sich mit Sicherheit verlassen könnte. Wir mögen zwar meinen, wenn ein Mensch in einer guten Kinderstube aufgewachsen ist, seine eigene Rechtschaffenheit entwickelt und gerecht gelebt hat, würde der Erfolg sich dazugesellen — doch auch dann kann man nicht sicher sein. Man sollte die unvorhergesehenen, unerklärlichen Dinge nicht einfach übergehen. Man kann sie beiseite schieben, doch vergessen sollte man sie nicht, sondern insgeheim mit ihnen rechnen. Es gibt Lücken und Unwägbarkeiten in allen menschlichen Theorien, und wenn Gott nicht zurechtbringend eingreifen würde, wären diese Fälle hoffnungslos. Aber Gott hat durch die Erlösung rettend eingegriffen. An uns liegt es, ihm unbedingt zu vertrauen. Entweder hat der Pessimist recht, wenn er behauptet, wir seien wie Blätter im Herbst, die durch den Windstoß der Naturgewalt sinnlos hin- und hergetrieben würden, oder aber der Ausweg liegt in der Erlösung durch Jesus Christus.

Gott und das Gemeine

„Jetzt bin ich ihr Spottlied geworden und muß ihnen zum Gerede dienen. Sie verabscheuen mich und halten sich ferne von mir und scheuen sich nicht, vor meinem Angesicht auszuspeien." (V. 9-10)

Jesus Christus erlebte das, was Hiob hier beschreibt. Man verdächtigte ihn der gemeinsten Unmoral: „Siehe, was ist dieser Mensch für ein Fresser und Weinsäufer, ein Freund von Zöllnern und Sündern!" Und so wurde er zwischen zwei Übeltätern ans Kreuz geschlagen. Man kann sich unmöglich darauf verlassen, daß Tugend einen Menschen zu Ehren bringt, und daß das Unglück nur die Gottlosen trifft und die Gerechten verschont. Jede diesbezügliche Erklärung bleibt lückenhaft und kann in diesem Leben nicht vollständig gegeben werden.

Gott und das Skrupellose (31,1-40)

„Bin ich gewandelt in Falschheit, oder ist mein Fuß geeilt zum Betrug? Gott möge mich wiegen auf rechter Waage, so wird er erkennen meine Unschuld." (V. 5-6)

Hiob prüft die Aussagen ihres Glaubensbekenntnisses auf ihren moralischen Wert hin und meint dann bezüglich seiner eigenen Erfahrungen: „Meint ihr etwa, ich würde Gott etwas vortäuschen und frech und anmaßend mit ihm reden? Die Unverschämtheit liegt da, wo mir wegen der bösen Tatsachen meines Schicksals etwas vorgeworfen wird, das ich nicht getan habe. Und dafür werde ich mich nicht auch noch vor Gott schuldig sprechen. Ich stehe offen vor Gott, und wenn ich ihn auch nicht sehe oder kenne, so bleibe ich dabei: Er ist anders, als ihr denkt! Und wenn ich einst vor ihm stehe, wird er mir keinen Selbstbetrug vorwerfen, weil ich die Wahrheit rede."

Es ist unsinnig zu behaupten, dieses Kapitel bezöge sich auf vergangene Zeiten, heute seien wir dem voraus. Natürlich leben wir in einer anderen Zeit, nicht unbedingt aber in einer besseren. Wer von uns kann auch nur annähernd dem Niveau der Rechtschaffenheit eines Hiob gleichkommen? Statt einer persönlichen Beziehung zu Gott hat man heute doch eher religiöse Prinzipien. Wenn ich aber

Gott aus Furcht oder Aberglauben diene, bin ich auf einem falschen Weg. Dann ist mein Herz „heimlich verführt worden". Hiobs Standpunkt besagt: Wenn ich mir anmaßen würde, von mir aus etwas zu tun, um Gott zu besänftigen, wäre das niederträchtig. Ich wage es nur, mich ihm zu nähern, weil ich ihn für gerecht und anbetungswürdig halte. In meinen Augen ist er kein launenhafter Despot, dessen Willkür ich einfach ausgeliefert bin, und der mich zwingen würde, etwas Sinnloses zu tun. Auch heutzutage machen uns ähnliche Probleme zu schaffen, deretwegen Hiob damals von seinen Freunden verurteilt wurde. Auch heute gibt es Leute, die sagen: „Ich möchte keinen despotischen Gott anbeten, weil das kein moralischer Gott wäre. Mein ganzes Herz bäumt sich dagegen auf ..."

In diesen Kapiteln besteht Hiob darauf, daß Gott anders sein muß, als er es früher geglaubt hatte, und daß es noch eine Seite an ihm geben muß, die er nicht kennt und deshalb nicht berücksichtigt hat. Danken wir Gott für die Theologie, aber sie steht nur an zweiter Stelle. An erster Stelle steht der heilige, gerechte Gott, unser Vater, der uns liebt! Rücken wir die Theologie an die erste Stelle, so verhalten wir uns wie Hiobs Freunde. Dann weigern wir uns, den Tatsachen, wie sie nun einmal sind, ins Auge zu blicken und beharren auf bloßen Theorien und Prinzipien, die den lebendigen Gott immer etwas entstellt darstellen, weil er sich von Menschen nicht in eine Schablone pressen läßt.

Und dieser heilige Gott würde doch niemals von einem Menschen verlangen, daß er zu *seiner* Ehrenrettung eine Lüge erzählt!

Leidenschaft für die Autorität

Hiob 32-37

In Elihu wird uns diese Leidenschaft für die Autorität präsentiert. Der fortschrittliche Mensch, der sich in einer Situation wie der Hiobs befände, würde dazu neigen, aus jeder Autorität auszubrechen. Ein weniger rechtschaffener Mensch als Hiob wäre Philosoph geworden und hätte behauptet, jeder Mensch sei sich selbst das Gesetz. Sein eigenes Gewissen reiche vollkommen als Stimme des Gesetzes aus. Hiob war nicht dieser Meinung, Elihu auch nicht. Leidenschaft für eine Autorität ist eine edle Sache, doch Elihu vergißt die Tatsache, daß rechte Autorität aus einer vorbildlichen, moralischen Rechtschaffenheit entsteht, nicht einfach daraus, daß jemand rein äußerlich höhergestellt ist. Elihu meint, weil Gott es sagt, daß es daher autoritativ sei. Hiob aber wollte wissen, wie dieser Gott ist. Handelte es sich um ein höheres Wesen, dessen Charakter sich nicht auf die moralische Basis des Lebens beschränkte? Autorität sollte auf Moral, nicht aber auf Aberglaube beruhen. Elihu ist der Ansicht: „Weil Gott es so sagt, genügt es." Er meint auch: „Weil mein Glaubensbekenntnis es besagt, muß man gehorchen." Zwar bedeutet es Gesetzlosigkeit, wenn man Autorität ablehnt; akzeptiert man allerdings nur die eigene innere Stimme als Autorität, so ist das ebenso schlecht wie eine blinde Anerkennung einer Autorität.

Die Inspiration selbstherrlicher Autorität (32,1-22)

Selbstherrliche Autorität bedeutet, mit Nachdruck zu herrschen und zu bestimmen, nicht aber unbedingt mit persönlicher Rechtschaffenheit. Napoleon sagte über Jesus Christus, daß er ein so erfolgreicher Seelengewinner gewesen sei, weil er den Genius der Heiligkeit besaß. Andere üben Autorität mit Zwang aus, Jesus Christus hat das nie getan. Seine Autorität war echt. Er bewährte diese Echtheit nicht nur in der Domäne Gottes, die wir nicht kennen, sondern auch in unserer menschlichen Domäne, die uns bekannt ist. Er trägt in beiden den Sieg davon und ist deshalb würdig, das Buch mit den sieben Siegeln zu öffnen (vergl. Offenb. 5). Autorität, die auf Dauer wirksam sein soll, muß sich nach Jesu

Christi richten, dessen Autorität nicht selbstherrlich oder beherrschend ist, sondern heilig und damit würdig. Dieser Autorität beugt sich alles Würdige im Menschen, während das Unwürdige sich nicht beugt.

Überhebliche Eitelkeit hinter scheinbarer Scheu (V. 1-22)

„Und Elihu, der Sohn Barachels des Busiters, hob an und sprach: Ich bin jung an Jahren, ihr aber seid alt; darum hab ich mich gescheut und gefürchtet, mein Wissen euch kundzutun ... Siehe, ich habe gewartet, bis ihr geredet hattet; ich habe aufgemerkt auf eure Einsicht, bis ihr die rechten Worte treffen würdet, und habe achtgehabt auf euch; aber siehe, da war keiner unter euch, der Hiob zurechtwies oder seiner Rede antwortete." (V. 6.11-12)

Eine scheinbare Bescheidenheit liegt über Elihu, wenn er sagt: „Ich wollte zuerst abwarten, bis ihr gesprochen hattet. Doch alles, was ich dann hörte, machte mich wütend; denn Hiob rechtfertigt sich selbst auf Gottes Kosten. Und ihr habt nicht erreicht, ihn in die Schranken zu weisen. Jetzt werde ich reden."

„Aber Elihu ... ward zornig über Hiob, weil er sich selber für gerechter hielt als Gott." (V. 2)

Elihu verbirgt hinter seiner äußeren Scheu überhebliche Eitelkeit. So etwas ist bei einem schüchternen, stillen Menschen durchaus möglich. Da schweigt jemand zunächst, nicht etwa, weil er wirklich bescheiden ist, sondern weil er wartet, bis er ganz sicher Gehör findet, nach dem Motto: „Ich werde nicht eher meine Meinung sagen, bis die Leute bereit sind, wirklich zuzuhören. Ich mische mich ungern in ein Gespräch. Da warte ich lieber eine passende Gelegenheit ab." Das sagt Elihu zwar nicht laut, aber sein Verhalten drückt es aus.

Elihu behauptet, daß inspirierte Autorität aus Gott kommt. Dieser Gott müsse nicht unbedingt gerecht sein. Dagegen steht Hiob auf. Er antwortet ungefähr so: „Ich werde keine Autorität auf dem Boden des Aberglaubens akzeptieren. Ich muß die Moralität des Ganzen dabei erkennen." Aber dieses Kriterium kümmert Elihu überhaupt nicht.

Die Betonung selbstherrlicher Autorität (33,1-33)

Bewußte geistige Unterwerfung (V. 1-33). „Siehe, darin hast du nicht recht, muß ich dir antworten; denn Gott ist mehr als ein

Mensch. Warum willst du mit ihm hadern, wenn er auf Menschenworte keine Antwort gibt?" (V. 12-13)

Die Gegnerschaft der Freunde, die um ihr Glaubensbekenntnis stritten, läßt darauf schließen, daß sie unsicher geworden waren. Elihu dagegen war nicht unsicher. Er akzeptierte das Glaubensbekenntnis der drei anderen sowieso nicht. Aufgrund selbstherrlicher Autorität hatte er eine eigene Meinung, welche besagte, daß niemand das Recht hätte zu fragen, ob Gott gut sei oder nicht. Das sei ein Thema von höchster Autorität, der man sich nur unterordnen könnte. Es ist aber gefährlich, sich einer unbekannten geistigen Macht einfach unterzuordnen. Hier liegt ja gerade der Unterschied zwischen Fatalismus und Glaube. Fatalismus bedeutet. „Ich muß mich in mein Schicksal fügen und dieser Macht gehorchen, ob mir das nun angenehm ist oder nicht. Ich kenne das Wesen dieser Macht nicht, weiß nicht, ob sie gut oder böse ist. Aber sie ist größer als ich. Also muß ich mich ihr unterwerfen." Im Glaubensgehorsam aber erkenne ich das Wesen dieser Macht. Sie ist gut, und ich kann ihr vertrauen. „Obwohl er mich schlägt, will ich fest darauf vertrauen, daß Gottes Wesen Liebe ist!" So verhält sich rechter Glaube. Ich ergebe mich dem einen, dessen Wesen ich kenne, dessen Wege mir aber noch verborgen sind.

Wir kennen als Christen das Wesen Gottes, weil es uns in Jesus Christus offenbart wurde. „Wer mich sieht, der sieht den Vater." Alles, was den Aussagen unseres Herrn Jesus Christus widerspricht, kann nicht von Gott stammen. Darum wissen wir, daß Gottes Wesen heilig, wahrhaftig und gerecht ist. Die Autorität Gottes ist nicht selbstherrlich oder gewalttätig, sondern sie ist so heilig und würdig, daß sich alles in mir vor ihr beugen sollte. Elihu war ungehalten, weil Hiob sagte: „Ich kann nicht glauben, daß Gott solche Dinge, wie ich sie erlebt habe, einfach anordnet. Ihr müßt mir schon meinen Einwand gestatten, daß eure Glaubensvorstellungen von Gott falsch sind. Mit eurem Glaubensbekenntnis wollt ihr mir beweisen, daß ich im Unrecht bin, obwohl ich gewiß bin, daß ich recht habe. Wenn ich schon mit den Fakten, die ich kenne, eure Behauptungen widerlegen kann, wie könnte ich dann eurer Erklärung der Fakten zustimmen, die ich nicht kenne?" Elihu behauptet, daß Gott sich selbst nicht erklären würde und der Mensch hätte kein Recht zu versuchen, selbst eine Antwort herauszufinden. Es genüge zu wissen, daß die unumschränkte Autorität des Allmächtigen gesprochen habe. Deshalb habe man sich zu unterwerfen. Doch Hiobs Leiden ließen ihn fragen: „Ich möchte wohl wissen, ob das, was ihr die höchste Autorität des Allmächtigen nennt, nach der Moral fragt, und ob es zumindest mit dem übereinstimmt, was ich als heilig und würdig betrachte."

Genau darum geht es bei kontroversen Fragen des Glaubens. Bin ich gewillt, mich der Autorität einer Kirche, eines Buches oder einer Person zu unterstellen? Wenn ich mich der Autorität einer Person unterordne, muß feststehen, daß diese Person mir moralisch überlegen und deshalb würdig ist. Maßstab ist dabei das, was der Mensch als absolut würdig betrachtet. Ist die Person von daher gesehen heiliger und würdiger als ich, will ich mich gern ihrer Autorität unterstellen.

Die Anklage des Gegners (34,1 - 35,16)

Die Strafe des Sünders (34,34-37). „Verständige Leute werden zu mir sagen und ein weiser Mann, der mir zuhört: ‚Hiob redet mit Unverstand, und seine Worte sind nicht klug. Oh, Hiob sollte bis zum Äußersten geprüft werden, weil er Antworten gibt wie freche Sünder. Denn zu seiner Sünde fügt er noch Frevel hinzu. Er treibt Spott unter uns und macht viele Worte wider Gott!" (V. 34-37)

Elihu faßt die autobiographische, die subjektive Seite zusammen, und weil Sophisterei derzeit hoch im Kurs steht, geht er diesen Weg weiter und sagt: „Es gibt außer mir noch eine Autorität." Auch Hiob fragt nach einer Autorität. Er gibt seine eigenen Erfahrungen als Grund dafür an, daß er an die Darstellung der Autorität Gottes, wie sie ihm von den anderen vor Augen gemalt wurde, nicht glaubt. Durch das, was er erleiden mußte, ist er empört über solch eine Darstellung. Darauf entgegnet Elihu: „Deine Erfahrungen deuten darauf hin, daß du ein Sünder bist — nicht etwa ein Heuchler, wie die andern es sagen —, sondern ein Sünder. Gott züchtigt dich. Du hast unbesonnene Worte geredet, und nun antwortet Gott dir mit dieser Strafe." Hier begegnen wir einer Meinung, die nicht auf der Realität basiert. Diese sieht nämlich anders aus. Sie erstickt aber durch ihre gefühlsbetonte Darstellung jede Opposition im Keim.

Die sentimentale Vorstellung des Überlegenen (35,10-11)

„Aber man fragt nicht: Wo ist Gott, mein Schöpfer, der Lobgesänge gibt in der Nacht, der uns klüger macht als die Tiere auf Erden und weiser als die Vögel unter dem Himmel?" (V. 10-11)

Elihu gibt zwar einige geistige Inhalte von sich, doch in seinem Vortrag verfolgt er eine Linie, die nur die menschlichen Gefühle anspricht, ohne ein Fundament an Tatsachen unter den Füßen zu haben. Sentimentalität hat eine Vorstellung von den Dingen, die die aktuellen und tatsächlichen Sachverhalte übersieht und einem den Boden unter den Füßen wegziehen kann. Es ist schon gut, Erfahrungen zu machen, aber sie müssen an einem ganz bestimmten Maßstab zu messen sein. Und der Maßstab für die christliche Erfahrung ist nicht die Erfahrung anderer Christen, sondern Gott selbst. „Darum sollt ihr vollkommen sein, wie euer Vater im Himmel vollkommen ist." „Wenn ihr meine Jünger seid", sagt Jesus, „ist der Maßstab, an dem die Erfahrungen eines wiedergeborenen Christen zu messen sind, das Wesen Gottes." „... sie sahen die Freimütigkeit von Petrus und Johannes ... und sie stellten fest, daß sie mit Jesus gewesen waren." Die Apostel waren Jesus Christus sehr ähnlich; ihre Erfahrungen und ihr Wesen spiegelten zum Teil das Wesen Gottes wider.

Es muß eine innere und eine äußere Autorität geben. Die Tendenz heute geht dahin, Autoritäten überhaupt abzulehnen. Manche sagen: „Ich will keine Kirche, keine Bibel, keinen Gott – sondern mich selbst verwirklichen. Das ist der moderne Ausdruck einer sophistisch geprägten Religion. Doch das kleinste bißchen Moralität in uns verlangt nach einer würdigen Autorität. Elihu spricht Hiob auf der subjektiven Linie an, als hätte Hiob gesagt, er glaube an keine verbindliche Autorität. Ganz im Gegenteil ist Hiob aber dabei, die rechte Beziehung zum richtigen Maßstab zu finden. Sein Protest richtet sich lediglich gegen einen unwürdigen Maßstab.

Die Interpretation absoluter Autorität (36,1-37.24)

„Elihu hob noch einmal an und sprach: Warte noch ein wenig, ich will dich lehren; denn ich habe noch etwas für Gott zu sagen." (36,1-2)

Mit aller Ehrfurcht gesagt: der allmächtige Gott wäre nur eine geistige Abstraktion, solange er nicht konkrete Wirklichkeit wird, denn eine Idee hat keine Macht, wenn sie nicht realisiert wird. Die Lehre von der Inkarnation besagt, daß Gott Wirklichkeit wurde; er offenbarte sich im menschlichen Fleisch. Jesus Christus ist nicht nur der Name von Gott und Mensch in einem, Jesus Christus ist auch der Name des persönlichen Retters, der die Rückkehr eines jeden Menschen in eine persönliche Beziehung zu Gott möglich macht. Jesus Christus bezeugt, daß er der einzige Weg zum Vater ist. „... niemand kommt zum Vater denn durch mich." Und: „... niemand kennt den Vater als nur der Sohn und dem es der Sohn will offenbaren." Darum hört eine Theologie, die Jesus Christus als höchste Autorität ignoriert, ganz bestimmt auf, eine christliche Theologie zu sein. „Ich bin der Weg", sagt Jesus – nicht die Straße, die wir hinter uns gelassen haben, sondern der Weg, auf dem wir sind und bleiben werden. „Niemand kommt zum Vater denn durch mich." Auf dem Boden seiner absoluten, nicht erzwungenen Autorität entdeckt jeder früher oder später, daß Jesus Christus einfach an erster Stelle steht.

Das Erhabene (36,22-26)

„Siehe, Gott ist groß in seiner Kraft; wo ist ein Lehrer, wie er ist?" (V. 22)

Hiob klagt, daß vieles, was ihm bisher über Gott gesagt wurde, nicht wahr sein kann, weil seine Erfahrungen dagegen sprechen. „Ich weiß im Lichte dessen, den ihr Gott nennt, daß ihr die mir gegebenen Erklärungen zurücknehmen müßtet. Ich bin zu dem Schluß gekommen, daß eure Darstellung von Gott falsch ist." Elihu nimmt also die Position ein, daß es unwichtig sei, ob Gott gerecht ist oder nicht. Es genüge zu wissen, daß er der Höchste ist, ein Wesen also, das seine Befehle erteilt, ohne im geringsten auf Moralität zu achten. Und der Mensch, der zu entdecken versucht, ob Gottes Autorität moralisch recht sei, müsse als Gotteslästerer und gefährlicher Mensch betrachtet werden. Voltaires derbes Reden über Gott war aber hauptsächlich eine Empörung über die damals herrschende falsche Darstellung Gottes.

Es besteht und bestand immer die Tendenz, Autoritäten blind zu akzeptieren. Man übernimmt die Autorität der Kirche oder der Schrift oder eines Glaubensbekenntnisses unbesehen und weigert sich, ernsthaft darüber nachzudenken. Damit ignorieren wir aber den Kern des Christentums, der in der persönlichen Beziehung zu Jesus Christus liegt und nur durch unsere eigene Verantwortung wirksam wird. Auf dem Boden der Erlösung von Golgatha bin ich errettet und erhalte von Gott den Heiligen Geist. Dann erwartet er von mir, daß ich auf dem Boden dieser neuen Beziehung handele. Ich kann dem allerdings ausweichen, indem ich meine eigene Verantwortung auf die Kirche, die Schrift oder das Glaubensbekenntnis abwälze, doch dann vergesse ich, daß Jesus Christus sagte: „Ihr forschet in der Schrift, denn ihr meint, ihr habt das ewige Leben darin; und sie ist's, die von mir Zeugnis gibt; aber doch wollt ihr nicht zu mir kommen, um das Leben zu haben." Der einzige Weg, die Bibel zu verstehen, liegt nicht darin, sie blind zu übernehmen, sondern sie im Licht der persönlichen Beziehung zu Jesus Christus zu erforschen. Wenn wir nur darauf dringen, daß die Leute die Lehre von der Dreieinigkeit und von der Inspiration der Heiligen Schrift glauben, bevor sie errettet sind, spannen wir den Wagen vor das Pferd. All das sind Auswirkungen unseres Christseins, nicht Ursachen. Und wenn wir die Auswirkungen an den Anfang setzen, gibt's Probleme. Dann setzen wir das Denken vor das Leben. Jesus sagt: „Kommt her zu mir, und wenn ihr wissen wollt, ob meine Lehren von Gott sind, tut seinen Willen." Ein Wissenschaftler kann das Universum erklären, in dem der natürliche Mensch lebt, doch nicht diese Erklärung steht an erster Stelle, sondern das Universum selbst. Ebenso ist es mit der Theologie. Die Theologie ist das Systematisieren intelligenter Aussagen über das Wesen Gottes. Die Theologie ist eine wunderbare Sache, aber sie steht erst an zweiter Stelle.

Verdammen der Vernunft (37,23-24)

„Den Allmächtigen erreichen wir nicht, der so groß ist an Kraft und reich an Gerechtigkeit. Das Recht beugt er nicht. Darum sollen ihn die Menschen fürchten, und er sieht keinen an, wie weise sie auch sind." (V. 23-24)

Elihu verurteilt Hiob vorsichtig, aber absolut. Er erklärt, Hiob hätte nicht nur ein Wrack aus seinem Glauben gemacht, er hätte seine Freunde auch ziemlich frech zum Schweigen gebracht.

Hiob will das aber nicht einfach so annehmen. Er sagt: „Ich muß aufpassen, daß es dem nicht widerspricht, wessen ich gewiß bin." Der Apostel Paulus spricht von der „Torheit Gottes" und der „Weisheit der Menschen", als diese von Jesus Christus sagten: „Das kann doch nicht Gott sein." Als die Ritualisten unter den Juden Jesus Christus kennenlernten, sagten sie: „Du bist ein Gotteslästerer. Du kannst gar nicht Gott sein." Hanna und Simeon waren die beiden einzigen Nachkommen Abrahams, die erkannten, wer das Jesuskind war, und das trotz der Ablehnung durch die Massen. Wenn zwei Menschen, die ein Leben der Gemeinschaft mit Gott geführt haben, inmitten des Symbolismus ihrer Tage im Kind von

Bethlehem den Christus des Herrn, den Trost Israels, erkennen konnten, sind alle anderen nicht ernst zu nehmen. Sie erkannten ihn nicht, weil sie durch Autoritätsfixiertheit, durch den herrschenden Symbolismus oder den Glauben an das Bekenntnis statt an den lebendigen Gott, blind geworden waren. Als dann aus dem Symbol Wirklichkeit wurde, konnten sie ihn nicht erkennen.

Jede Ausführung dieses Buches, Hiobs Äußerungen ausgenommen, nimmt die Herausforderung Satans an: „Kein Mensch, ganz gleich, wie gut er ist, liebt dich, Gott, um deiner selbst willen. Du nennst zwar Hiob vollkommen, aber nimm alles von ihm, was du ihm gegeben hast, zerstöre diese Segnungen — und er wird dir ins Angesicht fluchen." Und dann waren Hiobs äußere Segnungen vernichtet. Trotzdem hielt er daran fest: „Ich kenne den Grund meiner Leiden nicht. Eure Gedanken sind falsch. Gott allein kann alles erklären. Darauf werde ich warten." Es gehörte zur Abmachung, daß Gott verborgen und Hiob ohne Beistand bleiben sollte. Und so war es. Der Hintergrund der Leiden Hiobs muß immer im Lichte dieser Abmachung gesehen werden, von der Hiob nie etwas erfuhr. Hiob wußte nicht, daß Satan und Gott seine Seele zum Schlachtfeld ausersehen hatten.

Das Problem im Buche Hiob präsentiert uns das Problem der ganzen Welt. Ganz gleich, welche Erfahrungen ein Mensch auch macht, seien sie nun leicht oder schwer, gut oder schrecklich, es gibt etwas in diesem Buch, das uns andeutet, warum die Erlösung am Kreuz von Golgatha notwendig war. Es erleuchtet auch in gewisser Hinsicht andere unbegreifliche menschliche Erfahrungen.

Leidenschaft für die wirklichen Tatsachen

Hiob 38-41

Wir können nicht zünden, wie wir wollen,
das Feuer, das im Herzen glüht.
Der Geist weht oder weht nicht
— im Geheimnis unsere Seele ruht.

Doch Aufgaben, in Stunden des Lichtes gestellt,
werden auch in Stunden des Dunkels erfüllt.
Mit schmerzenden Händen und blutendem Fuß
graben und stapeln wir Stein auf Stein,

ertragen Hitze und Lasten des Tags
und wünschen, die Arbeit wäre getan.
Doch erst, wenn die Stunden des Lichtes zurück,
erkennen wir staunend, was wir geschafft.

Matthew Arnold

Das Wort Realität wird gebraucht, um den Bereich des Menschen von dem Gottes abzugrenzen. So gibt uns ein Glaubensbekenntnis eine reale theologische Aussage über Gott. Doch Hiobs Erfahrungen zeigen, daß eine Aussage über Gott niemals die lebendige Beziehung zu ihm ersetzen kann. Der Weg zu diesem Gott aber führt über unser Gewissen, denn durch das Gewissen erkennen wir die moralischen Zusammenhänge der Dinge. Wir haben gehört, daß Hiob sich keiner Autorität beugen wollte, die ihre Basis nicht in dem hatte, was wir im wirklichen Leben als rechtschaffen ansehen. Also wartet er darauf, daß Gott selbst die falschen Darstellungen der Freunde klären würde. Doch obwohl Hiob sich darin recht verhielt, mußte Gott ihn zunächst tadeln, weil sein Verhalten zuviel von dem eines Agnostikers gezeigt hatte. Dann führte Gott ihn weiter auf der Spur, die sich in Hiobs Worten abzeichnete: „Obwohl er mich schlägt, will ich ihm vertrauen." Oder anders ausgedrückt: „Ich will fest darauf vertrauen, daß Gott so ist, wie es mir meine angeborene menschliche Natur eingibt." Die Autorität, nach der wir im Dunkeln tasten, ist Gott selbst, nicht etwa unser Hang zur Gerechtigkeit oder unsere Prinzipientreue. *Jenseits der Realität ist Gott selbst, und die letzte Autorität ist eine persönliche Beziehung zu diesem Gott. Christsein bedeutet: eine persönliche Beziehung zu einem persönlichen Gott auf dem Boden der Erlösung am Kreuz von Golgatha zu haben* ... Jesus Christus ist nicht etwa in erster Linie unser Herr und Meister, weil er der fleischgewordene Gott ist, er war auch der einzige wahre Heilige im menschlichen Bereich.

Die noch schwache Stimme Gottes (38,1-4)

„Und der Herr antwortete Hiob aus dem Wettersturm und sprach: Wer ist's, der den Ratschluß verdunkelt mit Worten ohne Verstand? Gürte deine Lenden wie ein Mann! Ich will dich fragen, lehre mich! Wo warst du, als ich die Erde gründete? ..." (V.1-4; siehe 11,6-7)

Gott geht mit beiden ins Gericht, mit Elihu und mit Hiob. Er ruft sie auf dem Stand ihres augenblicklichen Wissens vor sich und will zuerst Wahrheiten klären, die sie kennen, um Raum für Wahrheiten zu schaffen, die ihnen noch unbekannt sind. Die zunächst schwache Stimme ist nicht etwa ein Appell an einen abergläubischen Glauben, sondern an Gottes wirkliche Beziehung dem Menschen gegenüber. Gott fegt damit eine Verbindung vom Tisch, die auf abergläubischer Furcht beruhte: „Stehe fest wie ein Mann und höre die Tatsachen." Gott gibt Hiob den Rat: „Komme nicht zu voreilig mit deinem Schluß, sondern gürte deine Lenden wie ein Mann und warte ab. Du hast insoweit recht getan, daß du mich nicht falsch interpretiert hast."

Der Begriff der Immanenz

„Immanenz" meint die unmittelbare Gegenwart Gottes, die alles durchdringt. Und der Pantheist sagt, das erkläre alles. Elihu behauptet hochtrabend, „Humanität" sei ein anderer Name Gottes, obwohl eine der wichtigen biblischen Lehren besagt, Humanität ist nicht mit Gott gleichzusetzen und unabhängig von Gott entstanden. Es gibt Beweise, daß Gott in der Natur ist, aber auch Beweise, daß er grundsätzlich anders als die Natur ist. Wir Menschen können versuchen, Naturgesetze zu definieren. „Doch vergeßt nicht", sagt Gott, „hinter den Naturgesetzen stehe ich selbst."

Wissenschaftlicher Dogmatismus ist ebenso gefährlich wie religiöser Dogmatismus, denn er nimmt die Erfahrungen eines Menschen und erklärt ihm, warum alles so und nicht anders geschieht. Doch ab und zu passieren unvorhergesehene Dinge, die außerhalb aller bisherigen menschlichen Erfahrungen liegen und nicht erklärt werden können. Es ist schon in Ordnung, wenn man das Erlebte aufzeichnet. Aber niemand hat das Recht, Dinge dogmatisch zu verurteilen, die man ohne die erfahrene Erlösung nicht versteht. Wir können wissenschaftliche Gesetze aufstellen, soweit wir sie erforscht haben; wir befinden uns aber außerhalb unserer Kompetenz, wenn wir behaupten, diese Gesetze würden auch in Bereichen gelten, die wir nicht kennen. Bloße Schlußfolgerungen meines Verstandes, die ich von Tatsachen ableite, werden mich nie Gott finden lassen. Ich kann alle Fakten der Geologie und Naturgeschichte studieren, doch wer lenkt das alles? Das sagt mir nur mein Gewissen. Gesetze haben Wirkungen, keine Ursachen. Wenn wir Gott über den Intellekt finden könnten, wäre der Anspruch Jesus Christi, uns Gott zu offenbaren, eine Farce und die Erlösung Unsinn. Gott sei Dank, daß Jesu Anspruch wahrhaftig ist!

Hiob sagt, er kenne Gott nicht. „Aber ich weiß, daß der Gott, den ihr in eurem Glaubensbekenntnis beschreibt, nicht mein Gott ist, sonst müßtet ihr die Fakten leugnen, die ich kenne." Die Freunde sagten, man müsse eine agnostische Einstellung annehmen und Fatalist werden. „Versuche nur nicht, herauszufinden, ob Gottes Wesen edel und würdig ist", antworteten sie und endeten damit, daß sie eine Unwahrheit über Gott sagten. Gott aber sprach: „Wenn ich mich selbst offenbare, werde ich es als moralischer Gott tun, in einer Moral, die ihr kennt." So dürfen wir Gott nie auf subjektive Erfahrungen beschränken.

Die einzige Realität im Leben ist die moralische Realität, nicht die intellektuelle oder ästhetische. Glaube, der auf dem Intellekt basiert, degradiert zur Form. Jesus Christus, den lebendigen Heiland, braucht man dabei nicht. Der Intellekt verhilft nicht zur Realität, nur das Gefühl auch nicht, sondern das Gewissen, wenn es sich mit beiden verbindet. Die grundlegenden Dinge des Lebens sind nicht rational. Verstand und Intellekt leiten uns durch das Leben, wie es ist, können es aber nicht recht erklären. So ist es zum Beispiel unvernünftig, daß christliche Nationen miteinander Krieg führen — eine tragische Realität. Der Intellekt bewirkt lediglich, daß der Mensch seine Augen vor dieser Tatsache verschließt und überheblich wird. Eins der größten Verbrechen der Philosophie liegt darin, daß sie den Menschen als humanes Wesen deformiert und ihn damit in einen hochmütigen Zuschauer verwandelt. Er schneidet sich dann selbst von der Masse ab und wird zur Statue. Ein moralischer Mensch ist jemand, der das Richtige im Leben tun will. Dazu gehört, daß man — mehr als auf alles andere — auf Gott achtet und darauf, wo er sich uns offenbart. Wenn ich ein Frömmler werde und nur mein eigenes Glaubensbekenntnis im Sinn habe, kann ich Gott nicht wahrnehmen, falls er sich mir nicht gerade in den Weg stellt. Es fordert den ganzen Menschen — Gewissen, Verstand, Willen und Gefühl — um Gott als Realität zu entdecken. Ein Mensch, der sich selbst Gesetz ist, dessen Gewissen nicht wach ist, braucht Gott nicht. „Ich bin nicht gekommen, solch einen zu rufen", sagt Jesus dazu. Geht aber ein Mensch ernstlich gegen diese Haltung an, dann trifft er weder auf Glaubensbekenntnisse noch Lehrmeinungen, sondern er entdeckt Gott als Realität. Dazu müßten wir allerdings zunächst gegen unsere eigene Halsstarrigkeit angehen, gegen unsere Dickköpfigkeit, und sie in Zugänglichkeit für diese Realität Gottes verwandeln lassen.

Die Rechtfertigung für moralisches Handeln (39,1-41.34)

„Willst du mein Urteil zunichte machen?" (40,8)

In diesen Kapiteln ist das ganze Universum versinnbildlicht. Und was auch immer dieses Universum ausmacht, vom Menschen ist es nicht zu zähmen. Die moderne Wissenschaft will uns zwar einreden, wir könnten Erde, Luft und Meer in unsere Gewalt bekommen — und wenn man ausschließlich Bücher und Berichte über erfolgreiche wissenschaftliche Forschungsergebnisse liest, glaubt man es beinahe —, doch dann entdeckt man über kurz oder lang Tatsachen, die sämtliche Berechnungen zunichte machen und wieder einmal beweisen, daß das Universum wild und unbezähmbar ist. Und doch hatte Gott am Anfang den Menschen dazu ausersehen, darüber zu herrschen. Und warum schaffte es der Mensch nicht? Weil er selbstherrlich die Ordnungen Gottes durchkreuzte. Statt Gottes Regierung über sich anzuerkennen, wurde der Mensch sein eigener Götze und verlor damit die Kontrolle (vergl. Genesis 3).

Als dann Jesus Christus kam, war er offenbar Meister über das Leben in der Luft, auf der Erde und im Meer. An Jesus Christus können wir erkennen, wie Gottes Plan für den Menschen ursprünglich gedacht war. Wenn man wissen will, wie die Erlösung der Menschheit eigentlich aussehen sollte, muß man Jesus Christus anschauen. Er spiegelt es wider: vollkommener Menschensohn zwischen Gott und Mensch, ohne Bruch; inzwischen gibt es einen Bruch, und das Universum ist ungezügelt, nicht zahm. Alle Arten von Aberglaube (siehe Horoskope) geben zwar an, das Universum zu beherrschen und zu kennen. Doch nur ein wissenschaftlicher Schaumschläger würde verkünden, er beherrsche das Wetter, hätte geheime Kräfte und könne das Universum bezwingen. Gott sagt nein dazu.

Hiobs Erschütterung (40,1-24)

„Hiob aber antwortete dem Herrn und sprach: Siehe, ich bin zu gering, was soll ich antworten? Ich will meine Hand auf meinen Mund legen. Einmal habe ich geredet und will nicht mehr antworten, ein zweites Mal geredet und will's nicht wieder tun." (V. 3-5)

Die Offenbarung, die uns Gott in Jesus Christus gegeben hat, bezeugt uns nicht in erster Linie die unfaßbare Allmacht Gottes, sondern seine unbeschreibliche Demut und Reinheit, seine vollkommene Würde auf allen Gebieten des wirklichen Lebens. Durch die Fleischwerdung offenbart uns Gott wahre Heiligkeit in der Sphäre, in der wir leben. Es ist die Heiligkeit eines Gottes, der sich selbst opferte. Hiob erkennt dies intuitiv. Er spürt: da redet kein abergläubischer Sensationsmacher, auch kein theologischer Sensationsmacher, sondern die Stimme des liebenden Vaters. Und die Stimme dieses Gottes leugnet Hiobs Erfahrungen nicht. Doch sie führt ihn geradewegs dahin, wo er nicht mehr vor sich selbst fliehen kann. Da beugt Hiob sich in wahrer Demut vor diesem Gott und hört zu.

„Also war ich doch auf der rechten Spur ..."

Von Schlössern und Schlüssellöchern

Hiob 42,1-6

Man sagt mir, der Zweifel sei vom Teufel.

Ich weiß es nicht; doch ich kannte einen,
den trieben ständig viele Fragen um,
der schlug die Leier anfangs schwach und krächzend
und forschte eifrig nach der Wahrheit drum.

Verwirrt im Glauben, sauber in der Tat,
so ging er bis zuletzt der Sache auf den Grund.
Oft lebt mehr Glaube in des Zweiflers Rock
als in der Mitte lauer Wortbekenner.

Er kämpfte hart gegen die Zweifel an.
Und weil kein blindes Urteil lockte ihn,
prüft er die Geister auf der Rede Sinn.
Bis er zuletzt erstaunt erkennt,
daß nun ein starker Glaube in ihm brennt.

Und Kraft war bei ihm in der Nacht,
Kraft, die im Dunkel wirkte und im Licht,
wie in der Wolke einst am Sinai,
als Israel den gold'nen Götzen baut,
obwohl Gottes Posaune blies so laut.

Tennyson

Alles, was der Mensch als Schlüssel zu einem Problem benutzen möchte, kann sich hinterher als Schlüsselloch erweisen, also als neues Problem. So erschien zunächst die Evolutionstheorie als Schlüssel zum Verständnis des Universums. Tatsächlich hat diese Theorie aber neue Probleme aufgeworfen. Auch die Atomtheorie galt als ein Schlüssel zur Erkenntnis, bis man entdeckte, daß ein Atom sich aus lauter Elektronen zusammensetzte, von denen jedes eine Welt für sich ist. So erwies sich auch diese Theorie als Schlüsselloch, nicht aber als Schlüssel. Alle Versuche des Menschen, das Rätsel des Lebens — unter Ausklammerung einer persönlichen Beziehung zu Gott — zu lösen, erwiesen sich bald als neue Probleme, nicht aber als Lösungen. Wir sollten darauf achten, wenn sich wieder einmal ein Schlüssel als Schlüsselloch erweist. Das alte Glaubensbekenntnis von Hiob, das eigentlich ein Schlüssel zum Verständnis des Wesens Gottes sein sollte, erwies sich bald ebenfalls nur als ein Schlüsselloch. Und Hiob fand heraus, daß der einzige Schlüssel zum Christenleben keine Glaubensaussage über Gott ist, kein Glaubensbekenntnis und kein intellektuelles Konzept, sondern die *persönliche Beziehung zum lebendigen Gott*. Jahwe selbst ist der Schlüssel zum Rätsel des Universums, und eine Grundlage für die Dinge finden wir nur in ihm. Wenn ein Mensch sich von Gott abwendet und irgendeine wissenschaftliche Erklärung als Schlüssel benutzt, wird er nur wieder auf ein neues Schlüsselloch stoßen.

Zur Rehabilitierung des Gottvertrauens (42,1-2)

a) als Quelle und Stütze unserer Existenz.

„Und Hiob antwortete dem Herrn und sprach: Ich erkenne, daß du alles vermagst, und nichts, das du dir vorgenommen hast, ist dir zu schwer." (V. 1-2)

Rehabilitieren meint wiedereinsetzen in den ursprünglichen Stand. Durch das ganze Buch Hiob zieht sich das Problem, daß die Aussagen des alttestamentlichen Glaubensbekenntnisses sich nicht mit Hiobs Gottvertrauen decken. Es sieht fast so aus, als sei es Dummheit, so an seinem Gottvertrauen festzuhalten. In diesem Kapitel sehen wir Hiobs Glauben rehabilitiert, und zwar durch Hiobs persönliche Beziehung zu dem persönlichen Gott.

Hiob sagte: „Ich bin mit eurer Begründung nicht zufrieden, denn meine Erfahrungen sprechen dagegen. Und ich weigere mich, diese zu leugnen oder sie logisch zu begründen." Hiob hatte vollstes Vertrauen in die Güte Gottes, obschon er Gottes Weg mit ihm nicht verstand. „Obwohl er mich schlägt, will ich ihm vertrauen." Wir vergleichen manchmal den Glauben an Gott fälschlicherweise mit dem Vertrauen in einen Scheck. Im Geschäftsleben basiert Vertrauen auf Kalkulation. Religiöses Vertrauen darf damit jedoch nicht verglichen werden. Gottvertrauen ist ein ungeheures Wagnis in der Dunkelheit. Ich habe zu glauben, daß Gott gut ist, trotz allem, was in meinen Erfahrungen dagegenspricht. Es ist nicht leicht, zu behaupten, Gott sei Liebe, wenn alles, was geschieht, dem zu widersprechen scheint. Die Seele eines jeden von uns ist eine Art Schlachtfeld. Es kommt darauf an, daß wir wie Hiob festbleiben und sagen: „Obwohl die Dinge schlecht stehen, will ich Gott vertrauen." „Und Hiob antwortete dem Herrn ..." Das bedeutet nicht, daß Hiob den Herrn als Menschen vor sich stehen sah, sondern daß er als Resultat seines Gottvertrauens ein geübtes Ohr für Gott hatte. Der gläubige Mensch sieht in Gott die Quelle und Stütze seiner Existenz. Hiob weiß das und behauptet fest, daß am Ende alles Dunkle aufgeklärt werden wird. Habe ich solchen Glauben? Nicht Vertrauen in ein Prinzip, sondern Vertrauen in Gott und darauf, daß er heilig und anbetungswürdig ist? Viele von uns haben überhaupt kein Vertrauen zu Gott, sondern nur in das, was er für uns tut. Wenn dann nichts mehr für uns verständlich ist, verlieren wir unser Vertrauen und sagen: „Warum mußte mir dies passieren? Warum bin ich krank geworden? Warum ist meine Frau umgekommen? Ich gebe den Glauben an Gott auf."

Wiederherstellung der Wahrheit in Leben und Persönlichkeit (42,3)

b) als Quelle und Stütze aller wirklichen Erfahrungen.

„Du fragst: ‚Wer ist der, der den Ratschluß verhüllt ohne Verstand?' Darum habe ich unweise geredet, was mir zu hoch ist und ich nicht verstehe." (V. 3)

Es ist ein großer Unterschied zwischen christlicher Erfahrung und christlichem Vertrauen. Bei der Erfahrung besteht die Gefahr, daß ich mich darin ausruhe, während sie doch nur eine Tür zu Gott selbst sein sollte. Der Grund dafür, daß viele von uns die wahre Basis des Glaubens nicht entdecken, liegt darin, daß die evangelische Christenheit so wenig über die wirkliche Sachlage aufgeklärt wird. Wir gelangen durch Leben und Persönlichkeit zur Wahrheit, nicht aber durch Logik oder wissenschaftliche Aussagen. „Darum habe ich unweise geredet, was mir zu hoch ist und ich nicht verstehe." Als Hiob sich weigerte, etwas zu bekennen, das nicht der Wahrheit entsprach, äußerte er Dinge, die ihm zu dem Zeitpunkt noch zu hoch waren. Gott sucht aber Menschen, die mit ihm in eine echte Beziehung treten. Dann vermittelt er ihnen aus Gnade seine reale Gegenwart für ein heiliges Leben im Alltag. Damit wird unser Herr diesen Menschen ebenso real, wie Leben und Persönlichkeit real sind. Der Verstand fragt immer: „Was ist Wahrheit?" Als ob Wahrheit etwas wäre, das man in Worten ausdrücken kann! „Ich bin die Wahrheit", sagte Jesus. Der einzige Weg zu dieser Wahrheit führt über das Leben und die Person. Wenn sich ein Mensch diesen Dingen gegenübersieht, nützt es gar nichts, wenn er diesen Weg nach der Logik erproben will. Gibt er jedoch seinen Widerstand auf und geht den Weg des Gehorsams, dann wird er sogleich Durchblick gewinnen, denn Wahrheit ist eine moralische Größe, keine intellektuelle. Wir erkennen die Wahrheit, indem wir das Rechte tun, nicht aber, indem wir gründlich darüber nachdenken. „So jemand meinen Willen tut, wird er erkennen, ob diese Lehre von Gott ist ..." Die Menschen haben oft versucht, der Wahrheit des Christentums mit dem Verstand auf die Spur zu kommen. Das ist aber so, als würde man darüber nachdenken, was man mit seinem Leben anfängt und wie man es gestaltet, bevor man geboren ist. Wir erkennen sofort, wie absurd das ist. Trotzdem versuchen viele, das Christentum zu ergründen, bevor sie wiedergeboren sind, also hineingeboren in den wunderbaren Wirkungsbereich Jesu Christi. „Solange ihr nicht von neuem geboren werdet, könnt ihr das Reich Gottes nicht sehen." Wenn wir jemals das Herrschaftsgebiet Jesu Christi kennenlernen und es betreten wollen, müssen wir wiedergeboren sein, also erneuert durch den Heiligen Geist. Dann werden wir herausfinden, daß die Wahrheit nicht aus einem Glaubensbekenntnis oder einer logischen Glaubensaussage besteht, sondern in der Persönlichkeit. Genau das wurde Hiob jetzt klar.

Die religiöse Basis von Wissenschaft und Philosophie (42,4)

c) als Quelle und Stütze aller bleibenden Auslegung.

„So höre nun, laß mich reden; ich will dich fragen, lehre mich!" (V. 4)

Wir haben nicht Gott in einem philosophischen System unterzubringen, sondern unsere Philosophie in Gott zu gründen. Quelle und Stütze aller gültigen Auslegung ist die persönliche Beziehung eines Menschen zu Gott. Wenn wir die Philosophie auf der Basis des Verstandes aufbauen, produzieren wir eine falsche Philosophie. Bauen wir sie aber auf unser Gottvertrauen auf, können wir damit beginnen, das Leben richtig auszulegen. Aktuelle Dinge kommen zur Sprache, unter anderem das Geheimnis der Erlösung.

Die Sünde ist nicht des Menschen, sondern Gottes Problem. Gott hat das Problem der Sünde bereits in seine Hand genommen und gelöst. Der Beweis dafür ist das Kreuz von Golgatha. An diesem Kreuz hing unser Herr. Auf dem Boden der Erlösung kann ich „meine Kleider waschen und reinigen im Blut des Lammes." Pseudoevangelisten haben die Offenbarung verzerrt wiedergegeben und sehr armselig ausgelegt, wenn sie verkündeten: „Da Gott mich errettet hat, brauche ich nichts mehr zu tun." Das Neue Testament aber offenbart deutlich: „Wenn ich durch Gottes Gnade gerettet bin, kann ich auf diesem festen Grund *aufbauen* und mich selbst rein erhalten." Dabei zählt nicht, welches Erbgut ein Mensch mitbringt und welche Neigungen in ihm schlummern. Auf dem Boden der Erlösung kann er genau so werden, wie er nach dem Plan Gottes sein sollte. Die höchst wichtige christliche Wahrheit besagt: „Ich darf meine Kleider im Blut des Lammes waschen, daß sie rein werden." Und genau das ist die bleibende Auslegung einer Erlösung, die wirklich erfahrbar ist. Denken wir in dieser Richtung? Oder denken wir wie ein Heide, der die Dinge mit dem Verstand zu lösen sucht und dabei Gott, Jesus Christus und die Erlösung ausklammert?

Reue und der Anbruch der Humanität Gottes (42,5-6)

d) als Quelle und Stütze einer zweiten Chance.

„Ich hatte von dir nur vom Hörensagen vernommen; aber nun hat mein Auge dich gesehen. Darum spreche ich mich schuldig und tue Buße in Staub und Asche." (V. 5-6)

Wenn ein Mensch sein Leben geändert hat, heißt das nicht immer, daß er bereut, was er vorher falsch gemacht hat. Ein Mensch kann ein böses Leben führen und plötzlich damit aufhören – nicht etwa, weil er bereut, sondern weil er ein ausgebrannter Vulkan ist. Allein die Tatsache, daß er sich gebessert hat, deutet nicht unbedingt darauf hin, daß er nun Christ geworden ist. Das Fundament des Christseins ist echte Reue. Der Apostel Paulus vergaß nie, was er einmal war. Als er sagte: „Ich vergesse, was dahinten liegt", sprach er von dem, was er bisher erfahren hatte. Aber der Heilige Geist erlaubte ihm nicht zu vergessen, was er einmal war (vergl. 1. Kor. 15,9; Eph. 3,8; 1. Tim. 1,13-15). Reue bedeutet, daß ich mich ehrlich als der einschätze, der ich in Gottes Augen bin, daß es mir leidtut, und daß ich auf der Grundlage der Erlösung ein neuer Mensch werde. Der einzig bußfertige Mensch ist der heilige

Mensch, das heißt, derjenige, der das Gegenteil von dem wird, was er einmal war, weil etwas Neues in ihm Wohnung genommen hat. Jeder Mensch, der sich selbst kennt, weiß auch, daß er von sich aus kein Heiliger ist. Er kann nur heilig leben, wenn ihm der Heilige Geist verliehen wird. Dann lebt er in der Gegenwart Gottes und kann sich auf Einkehr und Buße besinnen.

Ein Mensch mag den Weg der Errettung genau kennen und wie ein Erzengel predigen, trotzdem kann es sein, daß er kein Christ ist (vergl. Matth. 7,21-22). Den Test des Christseins besteht er erst, wenn er besser lebt als predigt. Diese Realität des Erbteils Jesu Christi kommt durch die Erneuerung in unsere Person. Und wenn wir Zeichen aufweisen, daß wir zur Familie Gottes gehören, sind wir zuvor den Weg der Buße gegangen und haben danach etwas von Gott empfangen. Mag dann auch noch die Veranlagung zur Gemeinheit, Lust oder Bosheit in meinem Leibe sein, wenn jedoch die Gesinnung Jesu Christi ebenfalls da ist, wird sie unweigerlich auch in meinem körperlichen Leben erkennbar. Niemand braucht sich dann um die Glaubwürdigkeit dieser Heiligkeit Sorgen zu machen. „Nun hat mein Auge dich gesehen", sagt Hiob, „darum bekenne ich mich schuldig und tue Buße in Staub und Asche." Wenn ich Jesus Christus auf den Thron setze, verkünde ich etwas, das meinen alten Lebensregeln gewaltig gegen den Strich geht. Und ich verleugne mein altes Leben, wie einst Petrus seinen Herrn verleugnete. Jesus Christus beansprucht für sich, dem Menschen eine neue Gesinnung zu geben, seine eigene Gesinnung, den Heiligen Geist. Und das wird in allem, was der erneute Mensch tut, sichtbar. Doch diese Gesinnung des Sohnes Gottes kann nur auf dem Weg der Reue in das Leben eines Menschen kommen.

Maskierte Wirklichkeit

Hiob 42,7-17

Der kleine Mann gedenkt, ein kleines Werk zu tun,
sieht es und tut's.

Der große Mann, der eine große Sache will,
stirbt, eh er's angepackt.

Der kleine Mann legt weiter Mark auf Mark,
bis er den Hunderter zusammenhat.

Der Große, der als Ziel eine Million,
bringt's nicht zum Einer.

Der Kleine braucht die Welt hier – sollt er die nächste brauchen?
Nichts hindert ihn daran!

Er macht sich auf zu Gott und –
unerschrocken suchend find't er ihn.
Robert Browning

Im Alltagsleben trägt jeder eine Maske. Niemand zeigt gern, wer er wirklich ist. Hiob konnte weder vor noch nach seinem Leiden erklären, wer er wirklich war. Am sogenannten „Jüngsten Tag", dem großen göttlichen Ereignis, auf das wir alle zugehen, wird diese Welt demaskiert und als Werk Gottes erkannt – vorher nicht. Dann aber werden auch die Kinder Gottes als solche offenbart. Bis dahin täuscht oft das äußere Erscheinungsbild über den tatsächlichen Stand der Dinge hinweg.

Die ganze Zeit über hatte Hiob treu zu seinem Glauben gestanden, daß Gott heilig, gerecht und anbetungswürdig ist. Hiob stimmte den Glaubensaussagen seiner Freunde über Gott nicht zu. Sie behaupteten Dinge, die er nicht bestätigen konnte. „Warum ich leide, weiß ich nicht, doch eure Erklärung stellt mich nicht zufrieden. Obwohl er mich schlägt, obwohl ich fast zerrissen werde, glaube ich an einen Gott der Liebe und Gerechtigkeit, der absolut gut ist, und ich will auf ihn warten. Eines Tages wird es sich herausstellen, daß mein Glaube recht war." So hoch hat Hiob sein Glaubensziel gesteckt. Und jetzt nimmt Gott die Sache in die Hand und rechnet mit den Freunden ab.

Die Quelle ewiger Wahrheit (42,7)

„Als nun der Herr diese Worte mit Hiob geredet hatte, sprach er zu Elifas von Teman: Mein Zorn ist entbrannt über dich und über deine beiden Freunde; denn ihr habt nicht recht von mir geredet wie mein Knecht Hiob." (V. 7)

Jeder, der sich als religiöser Lehrer ausgibt, steht früher oder später vor der ewigen Wirklichkeit. Die Freunde hatten sich als solche aufgespielt. Sie behaupteten, Gott zu kennen und dementsprechend kritisierten sie Hiob. Aber Gott antwortete ihnen: „Ihr habt nicht recht von mir geredet wie mein Knecht Hiob." Wenn wir lesen, was Hiob gesagt hat, kommen wir vielleicht zu dem Schluß, daß ein Mann, der so redet, kein guter Mensch sein kann; er redet ungestüme, extravagante Worte. Und doch entschied am Ende Gott, der die ewige Wahrheit ist, daß Hiob recht von ihm geredet hatte. So mag ein Mensch sehr unüberlegte Dinge reden, die in unseren Ohren falsch klingen, und doch müssen wir nachher ganz bescheiden bekennen, daß er wahrer von Gott geredet hat als wir. Wenn die ewige Realität zutage tritt, ist die Pose religiöser Humbug. Die Stimme Gottes redet scharf mit Elifas und den andern. Nicht etwa, weil sie die Unwahrheit gesagt hatten – was sie sagten, war logisch gesehen richtig –, sondern weil sie Gott nicht richtig interpretierten. Christsein bedeutet nicht, rechthaberisch auf die Wahrheit zu pochen. Es bedeutet auch keine ganz bestimmte, festgelegte Lebensweise oder ein Klammern an Prinzipien. Christsein ist etwas ganz anderes. Es ist ein absolutes Sichergeben an eine Person: an unseren Herrn Jesus Christus.

Wenn die Realität Gottes einem ungläubigen Menschen manchmal wie ein Schlag ins Gesicht ist, dann ist das sicher zehnmal schlimmer bei jemandem, der sich als frommer Lehrer aufspielt und behauptet: „Ich weiß, warum du so leidest." Oder: „Ich kann euch sagen, warum Gott diesen Krieg zugelassen hat und was er mit dem Britischen Empire vorhat." Wenn solch ein Mensch vor der ewigen Realität steht und sie sagen hört: „Du hast nicht recht von mir geredet", dann ist das sicher ein gehöriger Schlag (vergl.

Joh. 15,2-6). Elifas hatte theoretisch recht, trotzdem hat er Gott falsch dargestellt und interpretiert. Gott ist keine bloße Theorie. Er ist die ewige Realität, und man nimmt ihn nur in einer persönlichen Beziehung wahr.

Wenn jemand von der ewigen Realität eingeholt wird, besteht die Gefahr, daß er ihr mit Trotz oder Verzweiflung begegnet. Als Hiobs Freunde den Tadel Gottes einstecken mußten, reagierten sie richtig und gerieten nicht in Verzweiflung. So sollten auch wir nicht vor Gott davonlaufen, wenn er sich uns korrigierend in den Weg stellt.

Schmerzhafte Operation (42,8)

„So nehmt nun sieben junge Stiere und sieben Widder und geht hin zu meinem Knecht Hiob und opfert Brandopfer für euch; aber mein Knecht Hiob soll für euch Fürbitte tun; denn ihn will ich erhören ..." (V. 8)

Wir lassen uns gern von unseren Vorurteilen leiten: von unseren evangelischen oder nichtevangelischen Vorurteilen, von den Vorurteilen unseres Glaubens oder auch Unglaubens. Wir können gar nicht anders, es sei denn, die Ereignisse unterwerfen uns einer schmerzvollen Operation. Und in einem Krieg wie diesem bereitet es höllische Schmerzen, die Wurzeln der Vorurteile auszureißen, die die Menschen haben, besonders die Vorurteile, die Gott falsch darstellen und interpretieren. Ein Vorurteil ist ein Schluß, zu dem man gekommen ist, bevor man die Dinge ausreichend gegeneinander abgewägt hat. Niemand ist völlig frei von Vorurteilen. Wir geben sie meist zu erkennen, indem wir voller Einwände auf die Vorurteile der anderen reagieren. Wenn wir jedoch hartnäckig an unseren Vorurteilen festhalten, können wir meist nur durch das Eintreten schmerzvoller Ereignisse davon befreit werden. Wir sollten daher sehr darauf achten, daß wir Gott keinen Anlaß dazu geben, denn das wäre gefährlich.

Solch eine Operation durch schmerzliche Ereignisse befreite die Freunde Hiobs von ihren Vorurteilen. Die ganze Zeit über hatten sie zu Hiob gesagt: „Du hast Unrecht getan. Wir können es beweisen. Du bist ein schlechter Mensch. Und es ist ein Wunder in unseren Augen, daß Gott dich überhaupt noch leben läßt." Doch die schmerzvolle Operation bringt sie schließlich demütig auf die Knie. „Geht zu meinem Knecht Hiob. Der soll für euch beten", sagte

Gott. „Das habt ihr verdient. Geht hin, oder ihr könnt nicht mehr zu mir kommen." Man stelle sich einmal diese Demütigung vor! „... daß ich nicht töricht an euch handle. Denn ihr habt nicht recht von mir geredet wie mein Knecht Hiob." (V. 8)

Worum handelt es sich bei diesem „Rechttun" vor Gott? Ich habe ihn nie gesehen. Wenn man ihn allmächtig und allgegenwärtig nennt, kann ich mir nichts darunter vorstellen. Ein allmächtiges, unbegreifliches „höheres Wesen" kümmert mich im Grunde wenig. Um zu erklären, was mit diesem „Rechttun" vor Gott gemeint ist, muß ich in einer lebendigen persönlichen Beziehung zu ihm stehen. Gott tadelte die Freunde – obwohl das, was sie predigten, stimmte –, weil sie ihn falsch interpretiert und über ihn, den Urheber der Wahrheit, eine Lüge erzählt hatten. Dies ist eine der wichtigsten Wahrheiten der Christenheit (vergl. Röm. 2,17-24). „Aber", wenden wir vielleicht ein, „wie soll ich die Wahrheit ausleben?" Die Bergpredigt sagt, daß wir eine Gesinnung brauchen, die weder lüstern, noch boshaft, noch gemein ist. Wie sollen wir damit anfangen? Solange Jesus Christus uns nicht sein Erbteil ins Herz gibt, ist das unmöglich. Doch genau das verspricht er zu tun. Durch Erneuerung kann Jesus Christus jedem von uns die Gesinnung geben, die uns zum lebenden Beispiel unserer Predigten macht. Die Taufe mit dem Heiligen Geist fügte der Lehre der Apostel keine neue hinzu, sondern sie machte aus diesen einfachen Menschen Musterexemplare dessen, was sie predigten (Apg. 1,8).

Sakrament erfahrener Reue (42,9)

„Da gingen hin Elifas von Teman, Bildad von Schuach und Zofar von Naama und taten, wie der Herr ihnen gesagt hatte..."

Die Freunde demütigten sich also und zeigten Reue. Genau genommen ist Reue eine Gabe Gottes. Niemand kann Buße tun, wann er möchte. Ein Mensch kann wohl von sich aus Gewissensbisse haben, aber das reicht nicht aus. Echte Reue ist bemüht, das Falsche zu lassen und sich zu ändern. Die alten Puritaner pflegten, um „die Gabe der Tränen" zu beten. Ein Mensch kann sich gegen Gottes große Gabe der echten Reue verhärten. Um zum Beispiel einen großen Brocken Eis aufzulösen, kann man einen Hammer nehmen und das Eis zertrümmern. Man bricht es einfach in viele kleine Stücke. Legt man das Eis allerdings nach draußen in die Sonne, so schmilzt es schnell und schwindet dahin. Das verdeutlicht, wie verschieden der Mensch und Gott mit dem Falschen umgehen. Der Mensch verwandelt es in Krümel, in viele falsche Krümel. Wenn jedoch Gott handelt, schmilzt das Falsche in der Reue ganz weg. Dann wendet sich der Mensch Gott zu, und sein Leben wird ein Sakrament erfahrener Reue.

Die Männer sagten nicht: „Nein, wir wollen nicht zu Hiob gehen!" Sie versuchten nicht, sich zu rechtfertigen, sondern machten, was Gott von ihnen verlangte. Und damit taten sie etwas Edles und Großartiges. Sie ergriffen damit die einzige Chance, Gott kennenzulernen.

Das demütige Gebet befreiten Glaubens (42,10 a)

„Und der Herr wandte das Geschick Hiobs, als er für seine Freunde Fürbitte tat." (V. 10a)

Sind wir schon bis zu diesem „als" durchgedrungen? Wenn wir die Gesinnung Hiobs angenommen und die Sorgen, die uns bedrücken, über Bord geworfen haben, dann wollen wir nicht vergessen, daß Gott Hiob befreite, als er für seine Freunde betete. Beten wir also für unsere Freunde, dann wird Gott auch unser Los wenden. Die Befreiung tritt ein, wenn wir für sie beten. Das ist weniger eine natürliche Reaktion als die besondere Art Gottes zu wirken. Hier geht es nicht um die Frage nach der Zeit zum Bibelstudium, sondern um eine spontane Fürbitte am Tag, während wir das Werk tun, zu dem wir berufen sind. So werden wir Befreiung erleben. Nicht etwa, weil wir dann alle Probleme verstehen, sondern weil wir erkennen, daß Gott diesen Weg der Fürbitte gewählt hat, um seine Wunder an den Menschen, für die wir beten, zu vollbringen. Also: Frisch ans Werk und für die anderen gebetet! Dann kann Gott seine Möglichkeiten auch im Leben der anderen wahrnehmen. Wir brauchen darüber nicht einmal mit dem anderen zu reden. Gott hat unser Christsein auf Erlösung gegründet. Und wenn wir auf dem Boden dieser Erlösung für andere bitten, wird Gott um seiner Ehre willen helfen.

Gemeinschaft im vergrößerten Freundeskreis (42,10-17)

„Und der Herr gab Hiob doppelt soviel, wie er gehabt hatte." (V. 10b)

Hiobs Alltag sah nach seiner Leidenszeit für jemanden, der seine Geschichte nicht kannte, genauso aus wie vorher. So versteckt sich das für uns Sichtbare. Trotzdem ist da immer ein Unterschied bei einem Menschen, der Schweres durchgemacht hat. Seine sozialen

Bezüge sind in jeder Hinsicht gewachsen. Er ist jetzt barmherziger, großzügiger und weitherziger. Er erbarmt sich bewußter der Fremdlinge und der Leidenden. Die Trübsal ist nämlich einer der großen Befreier im Leben. Nach einem Krieg ist eine intensivere Gemeinschaft in vielen Menschenleben sichtbar. Die Menschen sind sich untereinander nicht mehr so fremd wie vorher. Viele Vorurteile sind gegenstandslos geworden, auch unsere voreilige Meinung, wir würden die Menschen genau kennen. Menschen sind eben nicht nach bestimmten Typen in verschiedene Gruppen einzuordnen. Es gibt immer eine unbekannte Größe im Leben eines Menschen, und die kennt nur Gott. Schließlich werden auch noch die Vorurteile gegen andere religiöse Gruppen sowie das Denken in engen Begriffen wegfallen. Normalerweise klammert sich der Mensch an ihm Bekanntes, an seine eigene Glaubensgemeinschaft, bis er durch einen Einbruch der ewigen Realität in sein Leben erschüttert wird wie diese Männer im Buch Hiob. Seine Freunde behaupteten, man sei verloren, wenn man nicht an den Besonderheiten seines eigenen Glaubensbekenntnisses festhält. Doch das löst sich nach solch einer schmerzlichen Erfahrung auf. Die ewige Realität Gottes treibt uns diesen Unsinn aus. Durch Notsituationen konnten Menschen immer wieder entdecken, daß sie einen anderen, tieferen Einblick in die Dinge gewonnen hatten.

„Und es kamen zu ihm alle seine Brüder und alle seine Schwestern und alle, die ihn früher gekannt hatten, und aßen mit ihm in seinem Hause und sprachen ihm zu und trösteten ihn über alles Unglück, das der Herr über ihn hatte kommen lassen." (V. 11a)

Der Freundeskreis war nach Hiobs Leiden größer geworden. Auch Petrus erwähnt in einem Brief solche Menschen, die nun mehr Zeit füreinander hatten, nachdem sie durch viel Leid gegangen und dann voller Freude waren (1. Petrus 4,12-19). Wenn ein Mensch nie durch Leid gegangen ist, wird er anderen gegenüber abweisend sein, solange man seine Interessen nicht teilt. Dann interessieren wir ihn nämlich ebensowenig wie der Sand in der Wüste. Aber Menschen, die schon viel Kummer erlebt haben, die teilen Brot und Wein mit den anderen. Man kann sich auf einen Menschen, der durch Leid gegangen ist, besser verlassen als auf jemanden, der Leid nie kennengelernt hat.

„Und ein jeder gab ihm ein Goldstück und einen goldenen Ring." (V. 11b)

Hiob nahm die Geschenke seiner Freunde und Brüder als Zeichen ihrer Großzügigkeit gern an. Die meisten von uns geben lieber. Hiob jedoch war weitherzig genug, alles anzunehmen, was ihm gebracht wurde.

„Und der Herr segnete Hiob fortan mehr als einst ..."

Von Oswald Chambers liegt in unserer Reihe „Das erweckliche Wort – Klassiker" bereits vor:

Was ihr bitten werdet
Von der Macht des Gebets

Das erweckliche Wort – Klassiker
ISBN 3-88224-916-1
Paperback, 84 Seiten

In diesem Buch vermittelt Oswald Chambers eine klare Vorstellung vom Sinn des Gebets. Gebet soll uns mit Gott in Einklang bringen, nicht umgekehrt. Es soll das „Leben aus Gott in uns" verwirklichen und dient nicht der Selbstverwirklichung. Chambers' Stil ist kurz und anschaulich, theologisch unkritisch und persönlich ansprechend. Er setzt die Autorität der Heiligen Schrift voraus und erbaut die Seele des Gläubigen in einer ihm eigenen, unnachahmlichen Weise. Sein Ziel war Christus. Ihm gehörte sein Herz.

Leben aus seiner Fülle
Kurzandachten für den Jahreslauf

Das erweckliche Wort – Klassiker
ISBN 3-86122-099-7
Paperback, 376 Seiten

Neben dem Andachtsbuch „Mein Äußerstes für sein Höchstes" liegt nun eine weitere Sammlung von täglichen Betrachtungen des bemerkenswerten geistlichen Lehrers Oswald Chambers vor.

Oswald Chambers sprach gern von unserem Herrn als von dem, der „die Wahrheit wie Goldklumpen präsentierte", während die Jünger später daraus „handelsübliche Goldmünzen prägten". Die hier vorliegenden täglichen Betrachtungen können auch wie solche „Goldklumpen geistlicher Wahrheiten" angesehen werden, die im Alltag in „gängige Münzen" umgesetzt werden müssen. Dieser Umwandlungsprozeß verlangt nicht nur stilles, anbetendes Betrachten, sondern im Sinne des Autors auch ernsthaftes Nachdenken und geistliche Konzentration.

FRANCKE
Verlag der Francke-Buchhandlung GmbH